DEUTSCHE
AKADEMIE FÜR
SPRACHE UND
DICHTUNG

Gefährdete Nachbarschaften – Ukraine, Russland, Europäische Union

HERAUSGEGEBEN VON
KATHARINA RAABE

VALERIO 17|2015 WALLSTEIN

KATHARINA RAABE
Vorwort
9

HEINRICH DETERING
Geleitwort
14

OKSANA SABUSCHKO
Hundert Jahre Einsamkeit oder
Warum eine eigene Story wichtig ist
16

SERHIJ ZHADAN
Warum ich nicht im Netz bin
25

MARIA STEPANOVA
Im Raum der toten Geschichte
36

MARIUS IVAŠKEVIČIUS
Unser Märchenmonster ist erwacht
44

YAROSLAV HRYTSAK
Euromaidan. Eine kurze, aber globale Geschichte
52

ANDRIJ PORTNOV
Ukraine ohne Donbass?
Der galizische Reduktionismus und seine Wurzeln
67

JURI ANDRUCHOWYTSCH
»Wir übertreiben sehr, wenn wir von der Vielfalt in der Ukraine reden« – Gespräch mit Paweł Smoleński
79

JAROSŁAW KUISZ • KAROLINA WIGURA
Helle und dunkle Solidarität –
Polens Blick auf die Ukraine
91

WILFRIED JILGE
Stepan Bandera – Zum historischen und politischen Hintergrund einer Symbolfigur
103

SONJA MARGOLINA
Russischstunde
124

GERD KOENEN
»Ich liebe Russland …«
139

JURKO PROCHASKO
Der Angriff auf Mitteleuropa
153

JULIA KISSINA • KATJA PETROWSKAJA
Unser Kiew – Gespräch mit Katharina Raabe
163

Nachweise
195

Literaturhinweise
197

Zu den Autorinnen und Autoren
199

Vorwort

»Ihr könnt euch nicht vorstellen, wie grausig und schrecklich es ist, mit anzusehen, wie die eigene Stadt stirbt«, schreibt der Blogger Alexander Polkvoy am 31. Mai 2014 in seinem *Brief an all jene, die nicht in Donezk leben,* ein unvergesslicher Text unter den vielen eindrucksvollen Zeugnissen, die den Umbruch in der Ukraine dokumentieren. »Rein äußerlich ist das noch eine frühlingshafte, blühende Stadt, mit üppigem Grün, spielenden Kindern, breiten Straßen, geöffneten Läden [...] durchs Fenster höre ich vom Tennisplatz her das Ploppen der Bälle. Donezk ist wie ein todkranker Mensch, der noch nicht weiß, dass er bald sterben wird.« In welchem Tempo sich rechtsfreie Räume bilden, wie scheinbar spielend ein paar schwerbewaffnete Kriminelle Bewohner einschüchtern und ganze Straßenzüge unter ihre Kontrolle bringen können, hatte man seit April in Slowjansk, Kramatorsk und anderen ostukrainischen Städten beobachten können. Dass aber der rasende Zerfall von Staatlichkeit eine moderne Millionenmetropole in den Abgrund des Krieges reißen würde, schien lange undenkbar. Der zerschossene Tower des umkämpften Flughafens von Donezk wurde zum Sinnbild des Widerstands des hilflosen ukrainischen Staates, der versucht, seine Bürger und die Souveränität seines Territoriums zu schützen. Am 13. Januar 2015 ist er eingestürzt.

Es gehört zu den irritierenden Erfahrungen der letzten Monate, dass die Ereignisse in der Ukraine, von den Maidan-Protesten bis zur Annexion der Krim und dem Krieg im Donbass, in der deutschen Öffentlichkeit vor allem einen Streit über Wladimir Putin und die Russland-Politik des Westens entfacht haben. Wie eine Gesellschaft sich daranmacht, die Hinterlassenschaften eines korrupten Regimes wegzuräumen, einen neuen Staat aufzubauen, eine andere politische Kultur zu etablieren, während die Wirtschaft kollabiert und ein nicht erklärter Krieg sich ins Land frisst, dieser Prozess im zweitgrößten Land Europas erregte – trotz einer exzellenten Presseberichterstattung – weit weniger Interesse. Ukrainische Schriftsteller und Intellektuelle, Experten und Aktivisten aller politischen Couleur sahen sich bei Podiumsveranstaltungen in Berlin, Frankfurt und anderswo in absurde, von Halbwissen und Verschwörungstheorien durchsetzte Debatten über einen angeblich faschistischen Umsturz in ihrem eigenen Land verwickelt. Anders als etwa in Polen und Litauen, wo Moskaus völkerrechtswidrige Politik Angst verbreitet, ist hierzulande das sich eintrübende Verhältnis zu Russland Gegenstand der Sorge.

Diese *Valerio*-Ausgabe versteht sich als Versuch, eine komplizierte und tragische Situation in den Blick zu nehmen. Die Autorinnen und Autoren, die hier zu Wort kommen, setzen sich aus ganz unterschiedlichen Perspektiven mit der Erfahrung auseinander, dass seit dem tektonischen Beben in Kiew ein Riss unseren Kontinent durchzieht. In Moskau und Vilnius, Wien und Warschau, Dnipropetrowsk und Berlin ist die Gefahr mit Händen zu greifen, dass Europa erneut zwischen Ost und West auseinanderzubrechen droht. Wie konnte es dazu kommen, dass Russland und der Westen plötzlich keine Partner mehr sind, sondern Gegner? Dass hundert Jahre nach Ausbruch des Ersten Weltkriegs eine aggressive Geopolitik nach Europa zurückgekehrt ist? Dass sich im Donbass eine humanitäre Katastrophe abspielt, der offenbar niemand Einhalt gebieten kann?

Wie immer wirken solche Krisen auch als Katalysatoren. Ungelöste Konflikte, nicht zu Ende gebrachte Debatten über historische Traumata wie die Wolhynien-Massaker, die das nachbarschaftliche Verhältnis zwischen Polen und Ukrainern belasteten, werden plötzlich wieder akut. Ganz zu schweigen von innerukrainischen Diskussionen über die Frage, wie gespalten das Land wirklich ist. Hat man in Lemberg und Kiew ignoriert, dass der Ruf »Ruhm der Ukraine, den Helden

Ruhm!«, Parole des Euromaidan, in Donezk und Luhansk mit dem Nazikollaborateur Stepan Bandera assoziiert wurde? Oder verläuft die Grenze der Verständigung gar nicht entlang geographischer Linien, sondern zwischen einer jungen, weltoffenen Generation und der ihrer Großeltern, die sich nach ihrem vertrauten sowjetischen Leben zurücksehnen?

Was den innerukrainischen Verständigungsbemühungen nicht gelang, das hat Putins Aggression erreicht: Die ukrainische Nation ist geeint und westlich orientiert wie nie zuvor. Bei den Parlamentswahlen im Oktober erlitten die Rechtsparteien eine Niederlage. Nicht »Antisemiten«, »Faschisten« und »Rechtsextremisten« dominieren die ukrainische Politik, sondern gemäßigte, liberale Kräfte. Wenn allerdings der Krieg die Ressourcen des Landes verschlingt, wenn der fortdauernde Prozess der Destabilisierung nicht gestoppt werden kann, dann wird der eindrucksvolle Versuch scheitern, den 1991 mit der Unabhängigkeitserklärung begonnenen Weg der Selbstbestimmung zu Ende zu gehen.

Es ist wichtig, daran zu erinnern, dass auch Russland 1991 in eine Zukunft aufgebrochen ist, Einparteiendiktatur, Kommandowirtschaft und Bevormundung hinter sich lassen wollte. Die russische Gesellschaft war bereit, die gewaltigen Aufgaben anzupacken, das riesige Land zu modernisieren, Demokratie, Meinungsfreiheit und Rechtsstaatlichkeit durchzusetzen. Doch wichtige Reformen wie die der sowjetischen Macht- und Sicherheitsapparate unterblieben. Und während Länder wie Polen, Ungarn, die Tschechoslowakei oder die baltischen Staaten ihr Recht auf Selbstbestimmung und -beschränkung in einer demokratischen Verfassung verankerten, dachte Moskau in Kategorien des Raumes: Seit Mitte der 1990er Jahre wurden die postsowjetischen Staaten als »nahes Ausland« bezeichnet. Ob sich die Politik der EU-Osterweiterung und Russlands Denken in geopolitischen Einflusssphären miteinander hätten versöhnen lassen, ist eine Frage für künftige Historiker. Die Politik versuchte mit Abkommen, Verträgen und vertrauensbildenden Maßnahmen bis hin zum NATO-Russland-Rat Instrumente zu schaffen, um den Konfliktstoff zu entschärfen. Fast alle Beobachter sind sich einig, dass die Annexion der Krim Putins Antwort auf den Umsturz in Kiew war. Russland ist nicht bereit, die Ukraine aus seiner Einflusssphäre zu entlassen, und nimmt den Ukrainern das Recht auf Selbstbestimmung. »Unheimlich«, schreibt der litauische Dramatiker Marius Ivaškevičius, sei es, heute in der Nachbarschaft Russlands zu leben.

Im Osten Europas spielt sich etwas Schreckliches ab. Russland hat nicht nur die Ukraine als engsten Partner, als »Brudervolk« verloren. Putins radikaler Kurs setzt die russische Gesellschaft unter Druck. Angst vor der Zukunft, Verlust der Gegenwart, Dominanz von Lüge, Propaganda und Geschichtsfälschung treiben die russischen Bürger in einen Zustand der Apathie und Depression, dessen Kehrseite Hysterie und Paranoia sind, wie Maria Stepanova beschreibt, eine der begabtesten Lyrikerinnen ihrer Generation.

Die Staaten der Europäischen Union, deren Regierungen den Regimewechsel in Kiew unterstützten, allen voran Deutschland und Polen, setzten den Reformprozess in der Ukraine an die Spitze ihrer außenpolitischen Agenda. Zugleich durfte die völkerrechtswidrige Politik Putins, welche die Sicherheitsarchitektur in Europa erschütterte, nicht unwidersprochen bleiben. Der Krieg in Europa, die tiefen Risse im Gefüge der auf Vertrauen, Dialog und Kooperation gegründeten internationalen Ordnung, Ratlosigkeit, wie auf längst überwunden geglaubte imperialistische Bedrohungen zu reagieren sei, stellen nicht nur die Entschlossenheit einer freiheitlich-demokratischen Politik, sondern auch die Bereitschaft zur Solidarität auf die Probe.

Die Ukraine ist erst vor wenigen Jahren auf der mentalen Landkarte der Westeuropäer aufgetaucht. Vielleicht mit Nachdruck erst seit der Orangen Revolution 2004. Bereits damals waren es Schriftstellerinnen und Schriftsteller, die in Essays und Artikeln Verständnis für die Absichten und Ziele protestierender ukrainischer Bürger wecken wollten und den Lesern zugleich ein paar Geschichtslektionen verpassten. 2008 hielt die Deutsche Akademie für Sprache und Dichtung ihre Frühjahrstagung in Lemberg ab und zeichnete Jurko Prochasko mit dem Friedrich-Gundolf-Preis aus. Die Frühjahrstagung 2012 in Schwäbisch Hall hatte aus gegebenem Anlass das Thema »Über die Verletzbarkeit von Sprache und Dichtung. Zum Beispiel Ungarn und die Ukraine« auf die Tagesordnung gesetzt. Was Juri Andruchowytsch, Jurko Prochasko und Oksana Sabuschko damals über Schikanen, Hetze und Einschüchterung seitens der Behörden berichteten, war schockierend. Es betraf den »Kern unserer Arbeit und Verantwortung als Akademie«, wie Heinrich Detering bereits 2012 formulierte: »Das geht uns an.«

Wer, wenn nicht sie, die Autoren aus Charkiw, Kiew, Iwano-Frankiwsk und Dnipropetrowsk, vermag uns Einsichten zu vermitteln in die vertrackte Identitätssuche eines so gut wie unbekannten Landes, dessen Geschichte unerwartet tief mit der unseren verquickt ist. Was heute in der Ukraine und in Russland geschieht, ist nicht nur für die Politik, sondern für alle nachdenklichen Menschen eine gewaltige intellektuelle Herausforderung. Ohne Einbildungskraft, ohne offenherziges und neugieriges Hinschauen und Hinhören, Lesen und Studieren meistert man sie nicht. Mögen die hier versammelten Texte dazu anregen – ein kollektiver Brief an alle, die ahnen, dass es auch ein Stück unserer Zukunft ist, die in Donezk zugrunde geht.

Katharina Raabe
Ende Januar 2015

Geleitwort

Vor drei Jahren, im Mai 2012, stellte die Deutsche Akademie ihre Frühjahrstagung im idyllischen Schwäbisch Hall unter das Thema »Über die Verletzbarkeit von Sprache und Dichtung. Zum Beispiel Ungarn und die Ukraine« und lud dazu Mitglieder, Freunde und Kollegen aus beiden Ländern ein, um zu hören, was sie aus ihren Erfahrungen zu berichten hatten. Gemeinsame Veranstaltungen in Czernowitz und Budapest, in Frankfurt am Main und Berlin folgten. Nicht reden und schon gar nicht belehren wollte die Akademie, sondern zuhören und ein Forum eröffnen für Gespräche über Themen, die damals in der deutschsprachigen Öffentlichkeit noch eher am Rande wahrgenommen wurden.

Seither ist in Ungarn und erst recht in der Ukraine mehr verletzt worden als nur die Sprache und die Dichtung. Aber noch immer sind Dichtung und Sprache das Medium, in dem wir uns verständigen müssen über das Ungeheuerliche, das dort täglich geschieht. In der letzten *Valerio*-Ausgabe waren das autoritäre Entwicklungen im Ungarn Viktor Orbáns. In der vorliegenden sind es die Ereignisse in der Ukraine. Und wie damals in Schwäbisch Hall, so geht es dabei auch jetzt zuerst und vor allem darum, diejenigen zu Wort kommen zu lassen, die diesen Ereignissen ausgesetzt und in sie involviert sind, und, nach Maßgabe unserer Möglichkeiten, dazu beizutragen, ihnen in der deutschsprachigen Öffentlichkeit Gehör zu verschaffen.

Damit will die Akademie nicht zum Sprachrohr nationaler Stimmungen oder politischer Programme werden. Wohl aber will sie hören und lesen, hör- und lesbar machen, wie ihre Mitglieder und Freunde aus der Ukraine die gegenwärtige Situation erleben und beurteilen. Uns geht an, was sie zu sagen haben und wie sie das tun, in der Stimmenvielfalt von Äußerungen aus einem Land, das unterdessen zu einer europäischen Kampfzone geworden ist, in einer Dynamik der Ereignisse, die das heute

Geschriebene morgen schon überholt erscheinen lassen kann und in der man eben deshalb nicht die Worte verlieren darf. Weil wir eine Akademie für Sprache und Dichtung in Europa sind und weil es eben auch unsere Mitglieder und Freunde sind, die aus ihrer Kampfzone berichten wollen: darum geht es auf den folgenden Seiten auch um uns.

Heinrich Detering
Februar 2015

Und während ich dies schreibe, berichtet die Zeitung davon, wie Wladimir Putin an der Seite Viktor Orbáns in Budapest einen Kranz niederlegt am eigens restaurierten Denkmal für die bei der Niederschlagung der »Konterrevolution« 1956 gefallenen Soldaten.

OKSANA SABUSCHKO

Hundert Jahre Einsamkeit oder Warum eine eigene Story wichtig ist

»Innerhalb der letzten Monate ist die Ukraine, eine bis dato im Westen unbekannte Nation, ins Interesse der Weltöffentlichkeit gerückt. Ich bin sicher, die meisten von uns würden bereitwillig zugeben, dass sie kaum etwas oder gar nichts über die Ukraine wissen. Diese Unkenntnis brauchen sie sich nicht vorzuwerfen. Sie hat Gründe. Ihre Unterdrücker haben dafür gesorgt, dass die Ukraine unbekannt blieb, man sprach ihr sogar eine eigene Existenz ab. Eigentlich ist es kaum vorstellbar, dass man eine Nation totschweigen kann, die von alters her zur Familie der europäischen Nationen gehört.«

Dieses Zitat ist nicht der heutigen Presse entnommen; es ist bereits fünfundsiebzig Jahre alt. Der Verfasser der Zeilen, der britische Journalist Lancelot Lawton, hatte die Zeichen der Zeit erkannt, die in den 1930er Jahren zunehmend auf die Gefahren eines sich ausbreitenden Totalitarismus in Europa hindeuteten, und war bemüht, der britischen Öffentlichkeit die Augen zu öffnen für die Bedeutung der ukrainischen Frage in den, wie er hellsichtig voraussah, heraufziehenden Schlachten im Osten Europas. Es gelang ihm sogar, im Unterhaus darüber vorzutragen. Doch seine Botschaft blieb letztlich ungehört. Der Westen lernte seine »ukrainische Lektion« nicht, sondern verbannte die Ukraine für Jahrzehnte aus dem Blickfeld. Nicht einmal die Neuordnung der politischen Landkarte nach 1991, auf der die Ukraine nun als unabhängiger Staat auftauchte, ließ ihr eine angemessene Wahrnehmung zuteilwerden. Es gab einfach keinen Platz für eine eigene Geschichte der Ukraine im europäischen Narrativ, solange die *Soviet Story* (wie man sie in Anlehnung an den Titel von Edvīns Šnores Film treffend nennen kann) nicht hinterfragt wurde.

Im Westen war der naive Glauben weit verbreitet, dass man

mit dem Zusammenbruch des Kommunismus das Zeitalter des Totalitarismus endgültig in staubigen Archiven einmotten und damit munter das »Ende der Geschichte« ausrufen könne. Doch seit einigen Jahren wird nun auch im Westen mehr und mehr darüber geschrieben, dass das 20. Jahrhundert beispiellose Verbrechen riesigen Ausmaßes hinterlassen hat, die unter einer Schicht aus Lügen und Fälschungen freigelegt werden müssen. Stalins Leichen im Keller unseres kollektiven Gedächtnisses sind inzwischen zu herumirrenden Zombies mutiert. Der Krieg, den Russland in der Ukraine führt, hat etliche falsche Vorstellungen zerstreut, unter anderem die süße Illusion, dass der Westen vor fünfundzwanzig Jahren den Kalten Krieg gewonnen habe. Nun zeigt sich, dass seine Abrüstung einseitig war, während die andere Seite die sogenannte hybride Kriegführung erprobte, getarnt als lokale Konflikte z. B. in Moldawien, Georgien oder nun in der Ukraine. Für das postsowjetische Russland ist dieses Szenario Teil einer langfristigen Vergeltungsstrategie, die sich erst in diesem Jahr selbst entlarvt hat. Die elementare Frage lautet: Wie konnte diese Melange aus Orwell und Huxley, aus Lubjanka und Hollywood von so vielen europäischen Intellektuellen und Politikern übersehen, wie konnten diese von den Erzeugnissen der russischen Propaganda derart infiziert werden, dass man nicht wagt, die russische Militäraggression gegen die Ukraine beim Namen zu nennen?

1999 habe ich eine Essaysammlung mit dem Titel *Die Chroniken des Fortinbras* publiziert (einige dieser Essays wurden 2012 auf Deutsch unter dem Titel *Planet Wermut* veröffentlicht), der die Idee zugrunde liegt, dass die ukrainischen Schriftsteller und Intellektuellen meiner Generation eine ähnliche kulturhistorische Aufgabe zu erfüllen haben, wie sie Fortinbras im *Hamlet* übernimmt: Wir, die erste posttotalitäre Generation, schaffen die Toten von der Bühne, beerdigen sie mit der ihnen gebührenden Ehrerbietung, verneigen uns vor ihrem verschwiegenen und tabuisierten Schicksal (Abermillionen Menschenleben, allein im Holodomor 3,5 bis 10 Millionen – das war laut Schätzungen von Historikern der Preis, den die Ukraine für ihre Zugehörigkeit zur vorgeblichen »Union souveräner Sowjetrepubliken« zu zahlen hatte) und zeichnen die Geschichten der überlebenden Horatios auf, um eine neue Geschichte anstelle der manipulierten zu erzählen, die uns die Sowjetschule auf den Lebensweg mitgegeben hat. Diese Mission konnte nie vollends erfüllt werden, die Augias-Ställe unseres kollektiven Gedächtnisses wurden nie ordentlich ausgemistet. 2008 sollte in Kiew ein Mahnmal für die Opfer des Holodomor errichtet werden, jener absichtlich herbeigeführten Hungerkatastrophe von 1933, Stalins verbrecherisches Meisterstück, das dann tabuisiert und dessen Erwähnung unter Strafe gestellt wurde. Zahlreiche ukrainische Medien, und nicht nur jene mit russischen Eigentümern, initiierten sogleich eine energische Kampagne gegen die angebliche »Verschwendung von Geldern, die man besser für die Lebenden verwenden solle«. Solch wachsame Hüter der Augias-Ställe gab und gibt es jede Menge. Sie machen die noch nicht lange unabhängige Ukraine instabil und angreifbar. Dass es sich eher um ein europäisches als um ein ukrainisches Problem handelte, war mir nicht klar, als ich an meinen Fortinbras-Essays schrieb. Alle europäischen Länder und vor allem jene, in denen die Schlachten des Zweiten Weltkriegs tobten, haben solche Fortinbras-Gestalten nötig, um ein erneutes Aufleben autoritärer Regime, egal welcher ideologischen Couleur, im neuen Jahrhundert zu verhindern. Die mythologische Macht der schwarz-weißen Weltkriegsnarrative, in denen Hitler als alleinige und ausschließliche Verkörperung allen Übels figuriert und die Verbrechen seiner Gegner proportional dazu schrumpfen bzw. allein deshalb, weil sie von Hitlers Bezwingern verübt wurden, mit einer anderen Latte gemessen werden, wurde zu einer fatalen intellektuellen Falle.

Das Problem mit der Geschichte war und ist, dass unbekümmerte Studenten, die ihre Lektionen versäumt haben, sie eines Tages unweigerlich nachholen und die dazugehörige Prüfung absolvieren müssen. Und dies ist der Punkt, an dem wir nun angelangt sind, wegen all unserer nicht gelernten Lektionen des 20. Jahrhunderts und unserem Unvermögen zu begreifen, dass wir in den Nachrichten aus Krisenregionen nichts anderes hören und sehen als ein Revival – oder oft auch geradewegs eine Fortsetzung – eben jener historischen Plots, die wir vor einigen Jahrzehnten aus unserem kulturellen Gedächtnis verbannt haben. Wir sind wie mit Blindheit und Taubheit geschlagen, unfähig, zu verstehen, und fragen verwundert: Was zum Teufel ist hier los?

Es war für Schriftsteller schon immer verlockend, mit virtuellen Geschichtsentwürfen zu spielen, die Handlungsfäden der Vergangenheit im Was-wäre-wenn-Modus neu zu knüpfen. Seit vielen Jahren reizt mich ein, ich gebe zu, ziemlich masochistisches Verlangen, eine Welt zu entwerfen, in der die Ukrainische Volksrepublik der Jahre 1918 bis 1920 unter dem Druck der bolschewistischen Invasion nicht zusammengebrochen wäre und die Ukraine, wie auch Polen und Finnland, die Kraft gehabt hätte, ihre nationale Souveränität und kulturelle Identität zu erhalten, anstatt zu einem versunkenen Atlantis des europäischen Unbewussten zu werden. Eines wäre jedenfalls sicher: Europa würde heute anders aussehen, und die Welt wäre wahrscheinlich ein freundlicherer Ort. Ein verlorengegangenes Land ist schließlich etwas durchaus Greifbares, anders als Ray Bradburys Schmetterling. All die weißen Flecken, die im gegenwärtigen europäischen Bewusstsein anstelle grundlegender Kenntnisse über die Ukraine existieren, die Tatsache, dass sowjetisch oft mit russisch verwechselt wird, wie es in der Rede vom russischen Sieg über Hitler notorisch geworden ist, denn wer im Westen macht sich endlich klar, dass unter den Millionen Sowjetbürgern, die während des Zweiten Weltkriegs an der Ostfront getötet worden sind, auch Millionen Ukrainer waren? – all diese blinden Stellen erinnern mich an die Computertomographie eines von Arteriosklerose befallenen Gehirns: Das Risiko eines Schlaganfalls ist extrem hoch! Um allerdings die weißen Flecken auf dem Bild wahrnehmen zu können, muss man sich in ukrainischer Geschichte auskennen. Leider sind Ukrainer nicht besonders gut darin, ihre Geschichte Nicht-Ukrainern zu vermitteln. Jahrzehntelang bestand unsere Überlebensstrategie vor allem darin, stillzuhalten, nicht zu sprechen.

Die hundert Jahre unserer kulturellen Nicht-Existenz in der Wahrnehmung der Welt ringsum, hundert Jahre Einsamkeit, haben der Generation von Autoren und Intellektuellen, der ich angehöre, einen irreparablen Schaden zugefügt. Selbst wenn wir nun auf internationalen Bühnen auftreten, sind wir dazu verurteilt, im besten Fall nur halb verstanden zu werden, wie Leute mit einem Sprachfehler, denn unser kultureller Kontext bleibt einer nicht-ukrainischen Öffentlichkeit meist unverständlich. In den Augen der westlichen Öffentlichkeit sind wir aus dem Nichts aufgetaucht, ohne sichtbare literarische Ahnenreihe – unsere Klassiker warten noch auf ihre Übersetzung – oder eindeutig zuzuordnende kulturelle Merkmale (außer vielleicht Gogol und dem im englischsprachigen Raum weithin bekannten ukrainischen Weihnachtslied *Carol of the Bells* – falls der Name des Komponisten und seine Herkunft überhaupt jemanden interessieren). So stehen wir als arme Verwandte im europäischen Haus herum und lavieren zwischen zwei Optionen: entweder eine verkaufsfertige Verpackung *made by Soviet story* zu liefern, d. h., sich wie Grünschnäbel aus einem finsteren und verkorksten ehemaligen Sowjetterritorium zu verhalten, mit Ausnahme vielleicht der Westukrainer, die samt und sonders in der österreichisch-ungarischen Schublade verstaut werden; oder sich selbst eine Verpackung zurechtzumachen, die natürlich auf den Widerstand einer lang etablierten geistigen und kulturellen Trägheit trifft.

Als ich den Amazon-Autorenfragebogen ausfüllte und angeben sollte, welche Autoren ich in meiner Sparte (dem Roman) als Vorbilder sehe, nannte ich den *Mann ohne Eigenschaften* von Robert Musil, *Schall und Wahn* von William Faulkner, *Das Alexandria-Quartett* von Lawrence Durrell, *Leben und Schicksal* von Wassili Grossman. Nach einigem Zögern strich ich dann doch die ukrainische Tetralogie *Die Ritschinskyj-Schwestern* von Iryna Wilde (1907–1982), obwohl ich gerade bei ihrer Lektüre erstmals verstanden habe, wie inspirierend historische Ereignisse aus dem Blickwinkel einer Frau dargestellt werden können. Meine ukrainischen symbolischen Mütter lasse ich im internationalen Kontext literarischer Referenzen weiterhin unerwähnt, denn es ist sinnlos, etwas Unbekanntes mit etwas noch Unbekannterem erklären zu wollen. Als ich eine begeisterte Rezension eines amerikanischen Kritikers las, lief es mir bei den offensichtlich wohlwollenden Worten kalt den Rücken herunter: »Besonders beeindruckend ist, dass dies quasi wie aus dem Nichts entstanden ist – wenigstens soweit meine geringen Kenntnisse reichen.« Das genau ist der Moment, in dem einem klar wird, dass man wie im Zoo zu grinsenden Zuschauern vor einer Glaswand redet.

Und nun kann man hinter dieser Glaswand auch russische Truppen sehen, die uns vor den Augen der Welt töten. Ungefähr so wie vor hundert Jahren, als die Bolschewiki unter Michail Murawjow eine kurze Schreckensherrschaft in Kiew errichteten und unter der Parole »Tötet die Bourgeoise und die Ukrainer« im Februar 1918 innerhalb kurzer Zeit Hunderte Menschen erschossen. Die meisten deshalb, weil sie als Feinde der Revolution angesehen wurden, vielleicht auch nur, weil sie auf der Straße Ukrainisch sprachen, also aus dem gleichen Grund, weshalb dieses Jahr ukrainische Staatsbürger im Donbass gefangen genommen, gefoltert und ermordet worden sind. Und die Welt schaut zu, abgestumpft, und ergeht sich in allerlei Vermutungen. Es muss für so ein unglaubliches Geschehen doch eine wenigstens in Teilen rationale Erklärung geben. Die russische Interpretation der Ereignisse, auch bekannt als sowjetische Story (die, das sei hier am Rand angemerkt, jenen Ende des Ersten Weltkriegs nicht erklärten Krieg von Sowjetrussland gegen die Ukraine als »Bürgerkrieg« bezeichnete), klingt vertraut und zieht einen Rattenschwanz an Bildern und Namen mit Wiedererkennungswert hinter sich her, während sich auf der ukrainischen Seite nichts Vergleichbares findet. Der Geschichtenerzähler bedient sich eben überall, ganz gleich ob seine Geschichte wahr oder erfunden ist.

Ein ukrainisches Sprichwort lautet: Mit Lügen kommt man bis ans Ende der Welt, aber nicht mehr zurück. Das stürmische Jahr 2014 hat nicht nur Hunderte Lenindenkmäler in der Ukraine gestürzt, was durchaus symbolträchtig ist, da diese Denkmäler seit Sowjetzeiten unantastbar waren. Es hat die ukrainische Gesellschaft auch aus ihrer jahrhundertelangen Erstarrung in kolonialen Mythen geweckt und das Gefühl für die eigene Identität geschärft, in dem Augenblick, da sie in Gefahr ist. Intellektuelle klären nun abermals die Nation über ihre Geschichte und Kultur auf, ganz so wie in den europäischen Nationalbewegungen des 19. Jahrhunderts, und spielen eine ähnlich bedeutsame gesellschaftliche Rolle wie Berufssoldaten und Armeefreiwillige. Die sozialen Netzwerke laufen heiß sowohl mit Informationen über Erfordernisse der Armee als auch mit Verweisen und Links auf zeitgeschichtliche Aufsätze, Landkarten, neue Filme und Bücher, Ausstellungen zur jüngeren ukrainischen Geschichte, und die Buchhändler melden Rekordumsätze mit literarischen Klassikern.

Klassiker können in der Tat sehr lehrreich sein, wenn man sie gründlich liest. Das Werk Nikolai Gogols, der in der Ukraine geboren wurde, auf Russisch schrieb und davon sprach, dass ein ukrainisches und ein russisches Wesen in ihm wohne, muss heute sogar dazu herhalten, neoimperialistische Ambitionen Russlands zu rechtfertigen. Dabei hatte Gogol ursprünglich nichts Geringeres vor, als eine neue literarische Sprache zu schaffen, die in gleicher Weise die Sprache der »Kleinrussen«

und der »Großrussen« sein sollte. Er war die letzte ukrainische Lichtgestalt der zweihundertjährigen Periode der sogenannten Kleinrussischen Aufklärung, die mit ihm endete und in der die frühneuzeitlichen ukrainischen Eliten den alten Moskauer Staat ideologisch und kulturell zum Russischen Reich mit europäischem Antlitz geformt hatten. Ihre Nachkommen, enttäuscht und verbittert, wie die Bestrebungen ihrer Vorfahren von den russischen Zaren missbraucht wurden, nahmen Mitte des 19. Jahrhunderts ein neues nationales Projekt in Angriff: die moderne Ukraine. Sowohl die russische als auch die ukrainische Sprache befanden sich damals mitten in einem kraftvollen literarischen Transformationsprozess. Das erste vollständig in modernem Ukrainisch geschriebene Werk stammt nicht von Taras Schewtschenko, sondern von seinem zwei Generationen älteren Kollegen Iwan Kotljarewskyj, dessen bis heute populäre *Eneida* 1798 erschienen war und für Gogol eine unerschöpfliche Quelle der Inspiration darstellte.

Gogol schrieb allerdings nicht einfach das Russisch seiner Epoche, eine Sprache, die er nie vollständig beherrschte, vielmehr trug unser tragischer Held ganz wesentlich zur Ausbildung und Bereicherung der russischen Literatursprache im 19. Jahrhundert bei, ähnlich wie zwei Jahrhunderte vor ihm ein anderer Ukrainer, Meletij Smotryzkyj, die moderne russische Grammatik fixiert hatte. Dass es ihm nicht gelingen wollte, sich in der »kleinrussischen«, der ukrainischen Sprache seiner Zeit literarisch genauso erfolgreich zu äußern, war eines seiner zahllosen seelischen Leiden und Traumata, welche die Zerrissenheit zwischen zwei Kulturen in ihm angerichtet haben muss. Diese kulturelle Uneindeutigkeit, diese Zwischenstellung Gogols wird von der überwiegenden Mehrheit der Russisten im Westen bis heute sträflich unterschätzt.

Heutzutage Gogol als Argument für Putins Appetit auf die Ukraine anzuführen ist nichts anderes, als die Uhr zurückzudrehen, aber nicht ins 19. Jahrhundert, sondern bis in die frühe

Neuzeit, als das Russische Reich noch in der Entstehungsphase war, um abermals den gleichen »Systemfehler« auszulösen, den die Geschichte bereits gemeldet hat. Erwähnenswert ist, dass die ukrainischen Schriftsteller jener Epoche meistens Latein und Kirchenslawisch schrieben, wie der berühmte »ukrainische Sokrates«, der Dichter und Philosoph Hryhoryj Skoworoda, der einmal treffend anmerkte, dass Dummheit nicht ein Mangel an Kenntnis sei, sondern der Unwille zu lernen.

Um es kurz zu machen: Die Ukraine befindet sich in einem Lernprozess, sie lernt, sie selbst zu sein, und sie lernt in einem Tempo, als wollte sie die jahrhundertelange historische Zwangspause wettmachen. Als vorläufiges Ergebnis dieses Lernprozesses lässt sich festhalten, dass eine freie Nation als Überlebensstrategie das Reden und Erzählen wählen muss und auf keinen Fall schweigen darf. Die gegenwärtige ukrainische Literatur müht sich, eines der brennendsten menschlichen Probleme – die Realität des Krieges – in Worte zu fassen. Und in diesem Bemühen taucht unser jahrhundertealtes Atlantis, das einst in Blut ersäuft wurde, unvermutet in all seiner schmerzlichen und tragischen Schönheit, mit all seinen Propheten und Märtyrern, seinen toten Genies und vergessenen Helden wieder auf und weitet den Blick, weit mehr als die Nahaufnahmen der Geschichte, die vor unseren Augen flimmert und nach neuer Betrachtung und Beschreibung verlangt. Die Ukrainer haben im Unabhängigkeitskrieg ihre Identität wiederentdeckt und werden sich nun bewusst, wie viel sie der Welt eigentlich zu erzählen haben.

Wenn die Welt diesmal nur zuhört.

Aus dem Englischen von Alexander Kratochvil.

SERHIJ ZHADAN

Warum ich nicht im Netz bin

Nadel

Anton, zweiunddreißig,
in seinem Profil steht: Lebt bei den Eltern.
Orthodox, aber kein Kirchgänger,
Studienabschluss, Fremdsprache Englisch.
Er arbeitete als Tätowierer, mit eigener Handschrift,
wenn man so sagen kann.
Durch seine Hände, unter seine Nadeln
gingen Einheimische in Scharen.

Als alles anfing, redete er viel über
Politik und Geschichte, ging auf Demos,
überwarf sich mit seinen Freunden.
Die Freunde waren beleidigt, die Kunden blieben weg.
Hatten Angst, waren kopflos, zogen fort aus der Stadt.

Am besten spürst du einen Menschen, wenn du die Nadel ansetzt.
Die Nadel brennt, die Nadel heftet. Unter dem warmen
Metall wird die Leinwand der Frauenhaut
gefügig und das helle Segeltuch der Männerhaut
straff. Du dringst in eine fremde
Hülle, entziehst dem Körper samtene
Blutstropfen, du stichst und stichst und stanzt
Engelsflügel in die ergebene Außenhaut der Welt.
Tätowierer, du stichst und stichst, denn wir sind berufen,
die Welt mit Sinn, die Welt mit Farbe
zu füllen, du durchstichst die Ummantelung,
Tätowierer, unter der die Seelen und Krankheiten liegen,
das, was uns leben lässt, das, wofür wir sterben.

Jemand hat erzählt, man habe ihn an einer Straßensperre erschossen,
früh am Morgen, mit einer Waffe in der Hand, irgendwie aus Versehen –
keiner begriff, was passierte.
Er wurde anonym bestattet, wie alle anderen auch.
Die persönlichen Dinge übergab man den Eltern.
Sein Profil hat niemand geändert.

Es kommt die Zeit, da wird irgendein Arsch
Heldengedichte darüber verfassen.
Es kommt die Zeit, da wird irgendein Arsch
sagen, darüber solle man überhaupt nicht schreiben.

Suchmaschine

Lange habe ich nach ihr gesucht. Ihre Nummer stimmte nicht mehr,
sie hatte die Stadt verlassen, im Netz keine
Spur von ihr. Über Bekannte habe ich sie
nicht gefunden, über die Kirche auch nicht.
Irgendwann meldete sie sich, schrieb über dies und das,
ihren Umzug, die neuen Umstände, die Gewöhnung.

Sie berichtete von ihrem Bruder, ihm galt ihr Brief,
von ihm, von seinem Tod wollte sie erzählen.
Ich war wohl nicht der Einzige, dem sie schrieb, jedenfalls
nicht der Erste. Zu abgeklärt klangen
ihre Zeilen. Es hat alle erwischt, alle auf einmal, schrieb sie,
eine einzige Salve. Unsere kamen zurück und wollten
die Toten holen. Oder das, was von ihnen
übrig war. Am schwierigsten war es mit den Beinen. Jeder
brauchte zwei Beine. Beim Zusammensetzen kam es auf die Beine an,
zwei sollten es sein und wenn möglich
gleich lang.

Ihr Bruder hatte Musik gemacht. Eine gute Gitarre besessen.
Die er häufig verborgte.
Was sie damit jetzt machen soll, fragte sie.
Ich habe versucht zu spielen, mir die Fingerkuppen aufgerissen, bin aus der Übung.
Das hat sehr gebrannt. Und will nicht verheilen.

Sekte

Andrij und Pawlo, Adventisten, Studenten.
Ihr Unternehmervater spendete für die Gemeinde,
für sie war die Kirche
Teil ihres Lebens –
sie gingen jeden Tag hin, halfen
bei der Renovierung, stellten Fotos ins Netz,
dankten den Spendern.

Schon zu Friedenszeiten galten sie als Sektierer,
und als alles anfing, wurde Jagd
auf sie gemacht. Manche gingen weg, andere versteckten sich.
Die beiden wurden geschnappt und in einen Keller gesperrt,
mussten Gefallene bestatten und Gräber schaufeln.
Sie wollten sich freikaufen, zitterten, weinten.
Wurden an eine andere Grube verlegt. Und dann einfach vergessen,
als hätte es sie nie gegeben.
Sie saßen in dem schwarzen Keller, horchten ins Dunkel,
beteten anfangs, dann ließen sie es bleiben
und schämten sich voreinander.

Du verlierst deinen Glauben, wenn du
die Chance hast, für ihn zu sterben, und du
die Chance nicht zu nutzen verstehst.
Wozu soll einer glauben, der gesehen hat, wie es wirklich ist?
Wozu etwas glauben, was für dich völlig
bedeutungslos ist?
Keiner kann sagen, was mit den Heiligen war, an deren
Körpern sich Wundmale auftaten. Was war mit den
Wundmalen? Gingen sie von selbst zu
wie Rosen am Abend? Oder bluteten,
eiterten, brannten sie lange unter den Verbänden?
Mit vor Dunkelheit blinden Augen kamen die Männer

ins Krankenhaus zum Verbandswechsel,
bissen die Zähne zusammen, als ihnen die Schwester
die vertrockneten Verbände von der Wunde riss und frisches Blut
auf die dunkle Haut trat. Sie baten um
ein Schmerzmittel, um irgendeins.
Aber es gibt kein Schmerzmittel
gegen das, was sie schmerzt, es gibt keins.

Die Tschetschenin

Jura,
schon über vierzig,
studierter Historiker,
Sozialarbeiter.
Er ist immer im Netz,
er verfolgt die gebrochenen Schritte der Geschichte,
schreibt einen Blog im Namen einer Tschetschenin,
hat eine Scharfschützin erfunden
und lebt jetzt ihr Leben.

Schreibt über ihren Glauben,
schreibt über ihre Zweifel,
schreibt über ihr Feingefühl,
führt eine Strichliste auf dem Gewehrschaft:

der ist für den Vater, den Feind,
der für den Sohn, den Feind,
und der für den Heiligen Geist – auch ein Feind,
der ebenfalls auf
die allgemeine
Abschussliste gehört,
nach der die unsichtbare Scharfschützin
ihre Gebete in Auftrag gibt.

Die Welt ist ein Postsack,
mit Stacheldraht vernäht.
Reißt du ihn auf, kriechen
zwischen Kinderhemdchen und Gewehren
schwarze Kröten und Schlangen hervor.

Nie werden wir erfahren,
wer in der hitzigen Menge gestanden hat,
die das zarte Gewebe
des fremden Körpers entzweireißen will.
Nie werden wir erfahren,
wer in der hitzigen Menge stand.

Dich auf
nächtlichen Wegen
durch Gras und Kohle führen,
deine Schritte
in einem leichten modischen
Sportschuh dämpfen,
dich abseits der
zertrampelten Rinderpfade
zu Quellen führen,
dir für den Morgen Brot aufheben,
eingeschlagen in die Fahne
deines Feindes.

Am Morgen
liest er das Geschriebene.
Manchmal ergänzt er etwas.
Manchmal schreibt er etwas um.
Rasiert sich, reißt sich mit den alten Klingen
die Haut auf.

Aber es kommt kein Blut.
Kein Tropfen.
Und auch der Tod kommt nicht.

Der Irre

Schade um die Stadt, sagt er. Sie machen alles kaputt.
Wie Sodom und Gomorrha.

Sein Bruder lebt in einem Heim für psychisch Kranke.
Vor einigen Tagen wurde das Heim besetzt.
Auf dem Hof stellte man Mörser auf.

Er besucht seinen Bruder. Sie sitzen auf einer Bank, über ihnen
Apfelzweige. Sie sehen sich ähnlich – beide in Trainingsanzügen und mit
kurzgeschnittenem Haar. Nur einer hält ein Handy
in der Hand. Aber die Stadt hat sowieso kein Netz.

Die MP-Schützen ignorieren sie.
Und werden von ihnen ignoriert.

In der Kindheit hatte er sich für seinen Bruder geschämt, nie
über ihn gesprochen, ihn niemals mitgenommen. Weißt du,
wie das ist, wenn du einen Irren in der Familie hast? Dein Vater ist normal,
deine Mutter ist normal, und auch du bist normal, aber einer
ist verrückt. Wirklich verrückt. In deiner Familie.
Da wirst du genauso beargwöhnt.

Als er erwachsen wurde, übersah er ihn einfach, den Bruder.
Als gäbe es ihn nicht. Wie wenn du die Straße entlangläufst
und im Vorbeigehen etwas Abstoßendes siehst,
das Angst und Ekel weckt, ein
zerfetztes Tier zum Beispiel, aber weißt –
wenn du wegschaust, dann ist es nicht da,
dann ist alles in Ordnung.

So ist es auch jetzt – da hocken sie alle, schweigen,
und keiner beachtet sie. Als wären sie
nicht da. Sind doch nicht wenige –
die noch nicht geflohen sind,
die auf der Seite liegen
wie ein zerfetztes Tier.

Die Heimleitung ist längst getürmt.
Putzfrauen kümmern sich um die Kranken.
Alte Frauen, die ihr Leben lang
hier gearbeitet haben. Sechs oder sieben.
Gar nicht so wenige für eine Millionenstadt.

Der Marodeur

Eine üble Biographie,
solche Biographien sind Stoff für die Morgennachrichten.
Sein Alter ist im Dezember erfroren, in einer leeren Straßenbahn.
Seine Mutter hat Zucker.
Die Lehre abgebrochen, zwei Jahre auf Bewährung,
die Kehle jodverätzt,
ein Ohr von einer Eisenstange zertrümmert.

Wovon hast du all die Jahre geträumt?
Was dir gewünscht?

Alles, was er sich gewünscht hat, lag
im Einkaufszentrum nebenan.
Ihn zu brechen hieße, man bräche
die Siegel auf den Apostolischen Schreiben.

»Ich hatte nie«, schreibt er, »genug Geld,
um mir all das zu kaufen,
was ich wollte. Immer habe ich irgendwas
auf bessere Zeiten verschoben.
Erst jetzt habe ich begriffen, dass die besseren
Zeiten nie kommen.

Du bist auch hier geboren.
Du weißt, wie es ist.
Sprich mir nach:
Das Leben ist gemein und grausam.
Das Leben ist trostlos und kurz.
Das Leben ist freudlos und mies.
Wer heute nichts hat,
hat auch morgen nichts,
wer nichts zu verlieren hat,
verliert auch nichts.«

Schon lange hofft hier keiner mehr auf bessere Zeiten.
Frau Tod, die stille, schweigende, bleibt unerkannt
inmitten all der anderen Frauen.
Gutes Herz, kranke Lunge –
weil du sie liebst, lebst du mit ihr,
und weil du mit ihr lebst, stirbst du.

»Dank dir, dass du schreibst«, sagt er,
»dank dir.«
»Nichts zu danken«, sage ich.
Da gibt's wirklich nichts zu danken.

Aus dem Ukrainischen von Claudia Dathe.

MARIA STEPANOVA

Im Raum der toten Geschichte

Vor einigen Monaten wurde ich gebeten, etwas zum Ausbruch des Ersten Weltkriegs vor hundert Jahren zu schreiben. Schon während ich schrieb, merkte ich, wie mein Text unaufhaltsam auf die Gegenwart, auf deren eigentümlich komplexes, brüchiges Wesen zudriftete. Man mag noch so sehr vor historischen Analogien und Vergleichen zurückschrecken, in letzter Zeit verfolgen sie einen auf Schritt und Tritt, und jeder weitere Vergleich scheint Russland näher an den Punkt zu treiben, an dem das Land reif ist für eine echte Katastrophe, nach der Façon des 20. Jahrhunderts. Die Rhetorik der letzten Monate, all die Wortblasen, die rund um unsere betrübliche Lage aufsteigen – sie haben etwas seltsam Pragmatisches: Ihr Zweck liegt offensichtlich nicht darin, das aktuelle Geschehen im Rückgriff auf die noch nicht ganz erkaltete jüngste Vergangenheit zu erklären, sondern darin, es zu vergrößern, ihm eine andere Dimension zu verleihen. Wer Putin mit Stalin oder Hitler vergleicht, wer behauptet, auf dem Kiewer Maidan stünden vor allem Faschisten oder Bandera-Anhänger, dem geht es nicht um präzise Analyse, sondern um Gruselgeschichten, wie Kinder sie einander erzählen. Als könnten die ins Leben gerufenen Schatten einer vergangenen Katastrophe helfen, deren blasses Abbild auf Abstand zu halten oder zu bannen.

Noch die schlichteste Alltagsroutine birgt immer eine Schuld – allein schon deshalb, weil sie Seite an Seite mit dem Unglück der anderen gelebt wird. Man weiß nie genau, welcher Schatten auf dem eigenen guten Leben liegt, mit wie viel Leid es dieselbe Luft atmet. Wenn die Ereignisse aber so deutlich sichtbar werden, dass man ihnen nicht mehr ausweichen kann, dann hört die Alltagsroutine auf, nur blind zu sein, sie wird kriminell.

Heute fällt es schwer, nicht daran zu denken, dass unsere Normalität – dieses Moskau, das in den letzten Jahren immer mehr einer beliebigen friedlichen europäischen Metropole zu gleichen begann, mit Fahrradwegen und kleinen Cafés und einer Atmosphäre, in der einem der Sinn für Gefahren gleich welcher Art abhanden kommt – dass diese Normalität eine Kehrseite hat und dass die merkwürdige Apathie, die derzeit jede Äußerung in Russlands zusammengeschrumpftem öffentlichen Raum umgibt, von dem Umstand herrührt, dass unweit der Cafés und Fahrradwege schon seit Monaten ein Krieg geführt wird, der all dem ähnelt, wovon wir als Kinder in Büchern lasen. Und dass es Leute gibt, nicht zuletzt auch am Nebentisch im Café, die diese doppelbödige Konstruktion für natürlich und folgerichtig halten.

Vor kurzem las ich einen Aufsatz eines Psychotherapeuten, der vor allem Leute meiner Generation behandelt, Moskauer zwischen 35 und 45 Jahren, belastet mit einer sowjetischen Kindheit, beschwichtigt durch Jahre eines relativen Wohlstands. An einer Stelle im Text war von einem Traum die Rede, ich gebe hier wieder, was ich davon behalten habe: Ein neues Gesetz ist erlassen worden, nach dem ab sofort jeder, der seine Papiere verliert, zum Tod durch Erschießen verurteilt wird. Zufällig habe ich, berichtet die Träumende, tatsächlich gerade meinen Pass verloren und werde auch prompt abgeholt. Bei mir zu Hause sind alle völlig aufgelöst, aber es hilft nichts, ich packe meine Sachen, und meine Mutter sagt: Na ja, erschießen werden sie dich schon nicht gleich, bestimmt wirst du nur verbannt. Und wirklich, ich werde nicht erschossen, ich sitze in einem ungeheizten Waggon in irgendeinem fahrenden Zug. Und ich denke: Komisch, eigentlich habe ich immer gewusst, dass es so kommen wird. Dass mein Leben zu Hause, diese ganze Kindheit, dieser ganze Alltag mit seinen kleinen Sorgen nur etwas Vorübergehendes ist und dass alles genau so enden wird, dass es überhaupt nur diesen Waggon gibt auf der Welt und sonst nichts. Dass ich für ihn geboren bin.

Dieser Traum sei typisch, merkt der Psychologe an, fast jeder im heutigen Russland träume ihn in irgendeiner Variante.

Er drehe sich stets um dasselbe: Im tiefsten Innern misstraue man der sanften Oberfläche dieser Welt, die ja schon bei der geringsten Erschütterung in sich zusammenzufallen und einen wieder auf die eisigen Grundlagen zurückzuwerfen drohe: das unerbittliche Entweder-oder von Freund oder Feind und das schlichte Wissen, dass es nichts gibt, was nicht passieren kann.

Die immer noch unwirklich, komisch, makaber anmutenden Ereignisse der vergangenen zwei Jahre illustrieren diese These. Wie es aussieht, gibt es kein noch so absurdes Gesetz, das im heutigen Russland nicht Chancen hätte beschlossen zu werden, und die öffentliche Diskussion, das Unverständnis und die Empörung darüber spornen die Gesetzgeber nur noch mehr an. Es gibt auch keine Situation mehr, die undenkbar wäre. Man führt Krieg mit der Ukraine, Chodorkowski kommt frei, Parmesan wird verboten – nichts davon verwundert noch, denn nachts sind alle Schwäne schwarz. Die Grenzen des Vorstellbaren verschwimmen, logische Argumente greifen nicht mehr, pragmatische Erwägungen bleiben ohne Wirkung: Es ist, als wäre man in eine Zone der Turbulenzen geraten, die alle Proportionen verzerrt, alle Akzente verschiebt – und zugleich jede lineare Anordnung aufhebt, so dass keine klare Perspektive, keine Zukunftsvorstellung mehr möglich ist. Vielleicht liegt gerade hierin der verborgene Sinn des Geschehens, sein eigentlicher Zweck.

Boris Groys hat in einem Interview kürzlich die Angst vor der Zukunft als zentrale Eigenschaft unserer Gegenwart beschrieben: »Es gibt dieses Gefühl, dass die Zukunft irgendwelche Unannehmlichkeiten mit sich bringt, welcher Art auch immer – eine Verschlechterung dessen, was ist. Allgemein geht die Tendenz dahin, sich irgendwie zu behaupten und den gegenwärtigen Zustand zu bewahren. Die Flucht vor der Zukunft und die Erhaltung des Status quo – das ist heute aktuell.«

Diese Angst vor der Zukunft ist wohl nirgends so groß wie in Russland. Wir schaudern angesichts der Zahl der Putin-Anhänger im Land, jener 84 oder 86 Prozent der Bürger, die

Umfragen zufolge hinter dem Präsidenten stehen. In Wirklichkeit ist die Konsolidierung fast hundertprozentig. Sie beruht auf der Angst vor der Zukunft, die alle vereint: Putin, die Moskauer Taxifahrer, die Lehrer in der Provinz, die Nutzer sozialer Netzwerke und die Aktivisten der Protestbewegung. Der Gedanke, dass dieses unschöne, beklemmende Heute noch nicht das Ende ist, dass es morgen noch schlimmer wird, erzeugt eine verborgene, bleischwere Unruhe. Die Zukunft verheißt Ungewissheit und Unheil aller Art – Krise, Krieg, Revolution, Massenverhaftungen –, und der Umstand, dass wohl kaum alles zugleich eintreffen wird, spielt in der Logik der Neurose keine Rolle.

Putins Führungsstil der vergangenen Jahre – all diese »konservativen« Projekte im Geiste des »Verweile doch, du bist so schön« – war das erste Symptom der weltanschaulichen Wende. Kaum ein Gespräch über den Präsidenten kommt um den Gemeinplatz herum, dass seine Politik in erster Linie der schon erwähnten Erhaltung des Status quo gilt, der Sicherung seines Platzes am Spieltisch. Der Konflikt zwischen ihm und der Protestbewegung vom Bolotnaja-Platz ließ sich im Grunde darauf zurückführen: Putin pochte auf den Gesellschaftsvertrag der 2000er Jahre (Reisefreiheit, Konsum, die harmlosen privaten Freuden, die der Erdöl-Bonus möglich machte, im Tausch gegen den Verzicht auf politische Partizipation), die Opposition dagegen forderte Zukunft, die Rückkehr zur Geschichte, Dynamik statt Statik. Doch als tatsächlich Bewegung in die Dinge kam, stellte sich heraus, dass die einsetzende Dynamik schlimmer war als jeder Stillstand, und schon im Winter 2013 wünschten viele, sie könnten wenigstens ein paar Spielzüge zurücksetzen: zurück zum letzten Sommer, in die Zeit der Proteste im Frühjahr 2012, zum friedlichen Herbst 2011, zurück in die Zeit vor den Gerichtsverfahren gegen die Demonstranten vom Bolotnaja-Platz, die Zeit vor all den repressiven neuen Gesetzen, dem Berufsverbot für bestimmte Journalisten und vielem mehr. Zurück in den behaglichen Stillstand, in dem das Leben doch viel erträglicher war.

Auf der anderen Seite stehen diejenigen, denen das in Fahrt gekommene Schwungrad – das Gefühl, in der Geschichte angekommen zu sein – offenkundiges Vergnügen bereitet. Diese Begeisterung schäumt in den Interviews mit den Feldkommandeuren der »Volksrepubliken« von Donezk und Luhansk, die sich endlich nützlich und am rechten Platz fühlen, die in die Offensive gehen, Stellung beziehen, sich in einem ganz neuen Sinn »von den Knien erheben«. Noch vor einem Jahr musste man bis in die zwanziger Jahre des letzten Jahrhunderts, bis zu Isaak Babels *Reiterarmee* mit ihren mordenden Prachtkerlen zurückgehen, um auf eine ähnliche Stimmung zu stoßen: Geschichte als eine Art Lachgas, als wildes Karussell der Möglichkeiten, bei dem jeder eine Maschinenpistole in die Hand gedrückt bekommt und eine lebendige Zielscheibe als Dreingabe – dieses Lebensgefühl schien sich bis vor kurzem nicht in die Sprache der Gegenwart übersetzen zu lassen.

Interessanterweise ist dieses Projekt zur Umgestaltung der Gegenwart für die Zukunft völlig blind, sein Impetus ist rein retrospektiv. Nicht zufällig war eine der zentralen Figuren des grausigen Sommers 2014, der Separatistenkommandeur Igor Girkin alias Strelkow, ein aktiver Reenactment-Fan, dem der Übergang von historischen Phantasien zu realen Toten offenbar nicht schwerfiel. Doch in der Zone der Turbulenzen rekonstruiert jeder etwas anderes, und jeder modelliert aus dem, was schon einmal da war: Die einen erfinden ein anarchistisches »befreites Territorium« à la Nestor Machno, mit Tarnanzügen und Fotos von abgeschnittenen Köpfen (»gestern Kosaken, heute Banditen«), die anderen die untergegangene Sowjetunion mit ihrer Ausstellung der Volkswirtschaftlichen Errungenschaften inklusive goldenem Völkerfreundschaftsbrunnen, wieder andere das zaristische Russland in den Grenzen von 1913 – all das ist Reenactment, Attrappe, kostümiertes Survival-Spiel. Die Zukunftsbilder, die in diesem Rahmen zur Auswahl stehen, sind revanchistische Ready-mades, keines davon enthält irgendwelche neuen Elemente – und die gewaltige Kluft, die ein Bild vom nächsten trennt, vermittelt eine Vorstellung von den Dimensionen des Trichters, in den zu stürzen unsere Gegenwart im Begriff steht.

Zu den seltsamen Symptomen unserer seltsamen Zeit gehört eine plötzlich um sich greifende Kurzsichtigkeit: Das Jahr 2034 ist nicht nur außer Sichtweite, es scheint auch niemanden zu interessieren – viel weniger jedenfalls als das Jahr 1914. In unserem Alltag scheint es keinen Platz zu geben für Zukunftsprognosen, weder hoffnungsvolle (von denen man nicht weiß, woher sie kommen sollten) noch düstere (die allzu realistisch wirken und deshalb Angst machen). Nichts könnte beunruhigender und quälender sein als das Phantasieren über das, was wird. Die Zukunft ist so etwas wie das nächste iPhone-Modell, dem man mit unverhohlenem Misstrauen und Widerwillen entgegensieht: »Unter Steve Jobs war alles besser.« Eben darin liegt vielleicht das größte Problem und der eigentliche Grund, warum die Perspektiven sich nicht öffnen und die Analogien auf wackeligen Füßen stehen: Das 20. Jahrhundert, an dem wir uns messen, auf dem unser Selbstbild beruht, wurde für die Zukunft errichtet und gehorchte dem utopischen Imperativ der Moderne. Trotz aller düsteren Ahnungen und blutigen Endspiele – die Erwartung von etwas Neuem, Noch-nie-Dagewesenem, einer totalen, umfassenden Umgestaltung blieb der Motor, der das Jahrhundert antrieb. Die Utopie des *Neuen* mit ihren unzähligen Facetten – Fortschrittsglaube, Technokratie, »Brüder, zur Sonne, zur Freiheit«, »die große Zukunft unseres Landes«, »die unverzügliche Wiederbelebung der Toten« – war so etwas wie eine schiefe Ebene, auf der die Zeit vorwärts rollte, immer schneller, in permanenter Veränderung. Dass diese Sehnsucht nach dem Neuen und dieser Wille zum Neuen heute völlig fehlen, macht mir fast mehr Angst als all die Collagen alter Schnurrbärte und Slogans, mit denen unsere Gegenwart sich die Zeit vertreibt.

Es heißt, wenn man einer Krähe den Schnabel feilt, stürzt sie ab: Ihr Orientierungssinn, das fein austarierte Organ ihrer Langstreckenverbindung mit der Zukunft funktioniert nicht mehr; auf einmal ist jeder Punkt gleich weit entfernt, die Proportionen sind verzerrt, nirgends ein Ausweg. Genauso, scheint mir, funktioniert auch unsere Orientierung in der Zeit: Wenn man das Gefühl für das Morgen abfeilt, stößt man immerzu gegen die Kanten und Simse der Vergangenheit, die ja aus nichts als Kanten und Simsen besteht. Welche Deformationen erfährt ein Bewusstsein, in dem die Zukunft nicht mehr vorkommt? Ein Bewusstsein, in dem sie sterilisiert und anästhesiert ist, entweder als Gegenwart getarnt oder aber beiläufig übergangen wird wie eine taktlose Bemerkung? In einer Welt, die nur Vergangenheit und Gegenwart kennt, hat die persönliche Entscheidung gleichsam kein Gewicht mehr. Die Ereignisse ergeben sich aus dem Lauf der Dinge, sie geschehen wie von selbst, ohne dass die Beteiligten (die gar nicht wirklich beteiligt sind, sondern nur die zufälligen Umstände nutzen) es wollten. Zu jedem Ereignis gibt es ein ganzes Sortiment von Prototypen, mit deren Hilfe man die eigene Verantwortung leicht wegschieben, sie auf ein Dutzend bequemer Verallgemeinerungen auswalzen kann. Manche davon hört man derzeit oft: »In schweren Zeiten müssen alle Kompromisse machen«, »die Künstler arbeiten seit jeher mit der herrschenden Macht zusammen«, »Zensur hat es immer gegeben« – »alle«, »seit jeher« oder »immer« sind hier die Schlüsselwörter, mit deren Hilfe man in der Menge verschwindet. Die Zukunft als Paradigmenwechsel, als Möglichkeit, »nicht wie immer« zu handeln, wirkt eindeutig beunruhigend. Doch es hilft nichts, die Geschichte hat uns eingeholt, und es wird nicht leicht sein, sich ihr wieder zu entziehen. Natürlich kann man zurückspulen, was sich zurückspulen lässt, kann die oberflächlichen Merkmale einer zunehmenden Urbanisierung, die fiebrige Blüte von Filmen und Büchern, Ausstellungen und Inszenierungen, Falafel- und Meatball-Läden löschen und sich auf eine lange Belagerung einstellen. Das ist es, was derzeit Schritt für Schritt geschieht: Das Staatsfernsehen imitiert die sowjetischen 1970er und 1980er Jahre, die Presse beeilt sich, hinterherzukommen; was vor kurzem noch wie eine Ansammlung von Artefakten, ein Katalog der Kuriositäten erschienen wäre, wirkt plötzlich erschreckend stringent. Es ist, als würde eine jahrzehntelang auf Dachböden und in Geheimfächern, in den hintersten Winkeln des Bewusstseins vergrabene Vergangenheit plötzlich als Parade der toten Dinge durch die Straßen ziehen. Als hätte man, wie im Märchen, einen zerstückelten Leichnam wieder zusammengesetzt und ihn aus einem Fläschchen mit schwarzem Wasser besprengt – und mit einem Mal kommt er in Bewegung, gleich wird er die blinden Augen aufschlagen …

Doch dieses Wasser ist nicht das Wasser des Lebens. Es sammelt das eklektische Allerlei der späten Putin-Zeit und vereinigt es zu einer Art System; es pumpt neue Kraft in vermoderte Sprachschichten und bringt sie noch einmal an die Oberfläche. Das Tote muss, bevor es verschwindet, vollständig und sichtbar werden – so, dass man sich nicht mehr von ihm abwenden, sich nicht vor ihm verstecken kann.

»Zuerst«, heißt es bei Wladimir Propp zu diesem Märchenmotiv, »wird der Held mit dem Wasser des Todes besprengt, dann mit dem Wasser des Lebens. Das Wasser des Todes versetzt ihm gleichsam den letzten Stoß, es macht ihn endgültig zum Toten. Es handelt sich hier um ein Begräbnisritual, ähnlich wie beim Bestreuen mit Erde. Erst jetzt ist der Verstorbene kein Wesen zwischen den Welten mehr, das als Vampir zurückkehren könnte, sondern ein wirklicher Toter. Erst jetzt, nachdem er mit dem Wasser des Todes besprengt wurde, kann das Wasser des Lebens wirken.«

Wasser des Todes wurde vergossen. Auf das Wasser des Lebens warten wir.

Aus dem Russischen von Olga Radetzkaja.

MARIUS IVAŠKEVIČIUS

Unser Märchenmonster ist erwacht

Noch vor kurzem habe ich meiner neun Jahre alten Tochter vor dem Einschlafen Geschichten aus der sowjetischen Zeit erzählt. Wie es war, als wir hier in Vilnius nichts hatten, weder Bananen noch Freiheit. Wir haben damals in einem riesigen Land gelebt, dem größten der Welt, aber es war sehr kaputt. Es gab keine Überraschungseier, an Werktagen kein warmes Wasser, keine Ferien auf Kreta oder den Kanaren … Dafür Pioniere, Komsomolzen und Paraden mit roten Fahnen, bei denen jedes Jahr die gleichen stürmischen, aber schrecklich langweiligen Reden gehalten wurden. Dann gab es noch den KGB, das waren solche Männer in Ledermänteln, vor denen alle schreckliche Angst hatten. Und es gab noch viel mehr Dinge, vor denen sich alle fürchteten, denn wenn es etwas wirklich zur Genüge gab, dann war es Angst.

Dann kam der heroische Teil der Erzählung. Wie die Menschen es schließlich nicht mehr aushielten, sich erhoben und Freiheit forderten. Wie sie sich an den Händen fassten, von Vilnius bis Tallinn eine 600 Kilometer lange Menschenkette bildeten. »Und nirgends eine Lücke?«, fragte meine Tochter immer. Nein, es gab keine. Sie standen ohne Lücke zusammen, es haben gar nicht alle hineingepasst, so viele Menschen waren es. Später wurden Panzer gegen sie eingesetzt, aber sie wichen nicht zurück.

Und zum Schluss die Moral: Das alles ist geschehen, damit du heute in einer normalen, freien Welt leben kannst und jenes schreckliche Land für alle Zeiten verschwindet. Damit es nur noch in Märchen vorkommt. So war das noch vor kurzem. Heute fragt mich meine Tochter vor dem Einschlafen, ob es Krieg geben wird und wann, und wenn es einen gibt, was wir dann tun werden. Sie fragt, weil sie in den vergangenen Monaten beobachtet hat, wie die Erwachsenen über die Ereignisse in Kiew und Moskau reden. Sie hat ihre Fragen gehört, was man tun soll, wenn Russland uns angreift: fliehen, solange die Grenzen noch nicht geschlossen sind? Oder bleiben und Widerstand leisten? Denn einen möglichen Krieg stellen sich hier alle altertümlich vor: Die russische Armee kommt auf breiter Front, macht die Grenzen dicht, und es beginnen Repressionen wie zu Stalins Zeiten.

So ist unser Märchenmonster Sowjetunion mit all seiner Idiotie und Symbolik plötzlich wieder zum Leben erwacht und in neuer Gestalt aus seiner Höhle hervorgekrochen, im Gewand des russischen Imperialismus, ja sogar Messianismus. Und die Ukraine und der Maidan wurden das Schlachtfeld im großen Kampf dagegen. Wenn diese Schlacht verloren wird, kommen wir an die Reihe. So denkt man bei uns. Und fürchtet sich, nicht ohne Grund.

Man kann viel über die historischen Verbindungen der Litauer und der Ukrainer sagen, wie ähnlich unsere Mentalität ist, aber in den vergangenen zwanzig Jahren haben wir doch zu verschiedenen Welten gehört. Uns ist es gelungen, der postsowjetischen Agonie zu entfliehen, sie sind darin hängengeblieben, wurden mal in die eine, mal in die andere Richtung gezerrt, tatsächlich aber kamen sie nicht vom Fleck. Mein Kollege Oleksandr, ein Dramaturg aus Kiew, kam jeden Sommer für ein paar Tage nach Vilnius, und jedes Mal, wenn er durch die Straßen spazierte, wiederholte er: »Wie neidisch bin ich, dass euch das gelungen ist.« Ich habe damals nicht ganz begriffen, was er mit »das« meinte, aber ich habe es geahnt. Vergangenen Sommer hat er »das« schon nicht mehr erwähnt, er bat nur, dem ukrainischen Präsidenten Janukowytsch zuzuwinken, wenn er im Herbst nach Vilnius kommt, um das Assoziierungsabkommen mit der Europäischen Union zu unterzeichnen. Oleksandr versicherte mir, sogar ein Mensch wie Janukowytsch habe Ehrgeiz und Selbstachtung, der russische Druck bewirke bei ihm das Gegenteil, er fühle sich vom Kreml abgestoßen. Und mit ihm die ganze Ukraine von Russland.

Dann kam der Herbst, und Janukowytsch reiste nach Vilnius. Anders als versprochen habe ich ihm nicht auf der Straße zugewinkt, denn er hatte schon verkündet, dass er den Vertrag nicht unterschreiben werde. Ich sah mir die Liveübertragung an, wie er, im Zentrum der Aufmerksamkeit, unsere Präsidentin und die anderen europäischen Regierungsvertreter grüßt, wie er lächelt … Man konnte sehen, dass er pokerte, bluffte und nicht daran zweifelte zu siegen. »So ein Arsch«, dachte ich damals nur. Es war eher ein oberflächliches Gefühl, ohne große Wut, Unruhe und Vorahnung, welche Ungeheuer sein Verhalten wecken würde.

An den Märchen für meine Tochter über die Sowjetzeit hat mir der Mittelteil immer am besten gefallen: die Revolution. Dieses besondere Gefühl, wenn unterdrückte Menschen erwachen und in sich die verborgenen Ressourcen entdecken, die sie befähigen, aufzubegehren und selbst über ihre Zukunft zu bestimmen. Wenn sie – und das ist das Wichtigste – aufhören, Angst zu haben. Wenn es statt Parteienstreitigkeiten und kleinen politischen Gemeinheiten nur die große Politik gibt, an der du teilnimmst und mit deiner Haltung, deinem Mut, deinen Taten die Aufmerksamkeit der ganzen Welt erregst. An diese revolutionäre Euphorie des Jahres 1990 erinnern sich in Litauen alle. Es war die hellste Episode ihres Lebens. Und dann wiederholt sie sich in Kiew, nach etwas mehr als zwanzig Jahren, 700 Kilometer von Vilnius entfernt.

Wir kennen es schon, dieses Gefühl: was es heißt, durch die Straßen zu ziehen und Freiheitslosungen zu skandieren; wir kennen die Gegenbewegung derer, die die Freiheit nicht gewähren wollen … dann kommt es zum Zusammenstoß, zur Entscheidung. Wir sind gewissermaßen Veteranen, haben einmal in dieser Mannschaft gespielt und ein historisches Finale gewonnen. Nun trägt es eine neue Generation aus. In einer unvergleichlich größeren Arena, unter den Augen eines in der Zwischenzeit stark angewachsenen Publikums. Die neuen Medientechnologien halten jede Nuance der Auseinandersetzung fest, anders als zu unserer Zeit. Aber der Kampf ist der gleiche.

Litauen hat die Ereignisse in der Ukraine von Anfang an mit angehaltenem Atem verfolgt. Viele sind sogar nach Kiew gefahren, um es sich live anzusehen. Sie haben sich der Menge angeschlossen, um sich in ihre Vergangenheit zurückzuversetzen, die Gefühle von 1990 zu spüren. Auch ich wollte fahren, obwohl ich eigentlich nicht für diese Art Revolutionstourismus bin. Aber das war ja nicht einfach eine Revolution, sondern die Fortsetzung unseres Märchens. Wir spürten, wir hatten das Recht, sie aus der Nähe zu beobachten.

Ich bin dann doch nicht gefahren. Ich saß vor dem Fernseher und wunderte mich über die Geduld von Janukowytsch. Wie seine Sondereinheiten beharrlich in einer undurchdringlichen Verteidigungslinie standen und auf die Provokationen der Demonstranten nicht eingingen. Es sah danach aus, als würde damit alles zu Ende gehen, als würden die beginnenden Fröste und die Weihnachtsfeiertage die letzten Aufrührer zerstreuen. Die Revolution erstickt, und der Pokermeister gewinnt.

Aber die Revolution hielt sich. Und als sich im Februar die Lage auf dem Maidan bedrohlich zuspitzte, konnte ich, wie viele andere in Litauen, weder schlafen noch normal arbeiten. Alles, was ich tat, verlor seinen Sinn. Am 20. Februar, als die blutigsten Ereignisse dieser Revolution ihren Lauf nahmen, kaufte ich mir ein Flugticket nach Kiew.

Die Familie und die Freunde verabschiedeten mich wie einen Helden. »Pass bloß auf, dass du nicht stirbst, Papa«, sagte meine Tochter. In ihren Augen zog ich aus in den heroischen Teil des Märchens: Menschen aus der Vergangenheit erstanden auf wundersame Weise wieder auf, um gegen das Böse zu kämpfen. Als ich auf dem Maidan ankam, waren die Helden dieses Märchens gerade beerdigt worden. Der ganze Platz und die Straßen, die zu ihm führten, waren mit Kerzen und Blumen bedeckt. Es schien, als hätte sich ganz Kiew auf dem Maidan versammelt –

Familien mit Kindern, sogar mit Säuglingen. Nie zuvor habe ich in einer so riesigen trauernden Menge gestanden. Und die Stille, in der sich diese Tausende Menschen bewegten, als sie die Orte der hier geschlagenen Schlacht besuchten, zeugte davon, dass etwas Unwiderrufliches geschehen war.

Das Bild war irreal, makaber: ausgebrannte mehrstöckige sowjetische Gebäude im Zentrum einer europäischen Hauptstadt, zu ihren Füßen das riesige Lager eines mittelalterlichen Heeres. Lagerfeuer, die neben Soldatenzelten rauchten, über denen die blauen Fahnen der Europäischen Union flatterten. Kleine Altäre für die Gefallenen. Feldlazarette in den umliegenden Gebäuden und an den Zufahrtsstraßen. Das war wie eine gigantische Installation mit den lebendigen Teilnehmern einer Geschichte, die sich soeben ereignet hatte. Ihre Akteure wärmten sich an ihren Feuern, gestützt auf Baseballschläger und Schilde, die sie gerade noch in der Schlacht verwendet hatten.

Drei Tage und Nächte wanderte ich über diesen Platz und durch die benachbarten Straßen, unwillig, auf die andere Seite der Barrikaden zu gehen, dorthin, wo das gewöhnliche Leben der Stadt begann. Als in der dritten Nacht ein Teil der Verteidiger damit anfing, die Zelte abzubauen und nach Hause zu gehen, und als dann ein Traktor und eine Brigade der Straßenreinigung auf den Platz kamen, um Ordnung zu machen, kam mir das wie eine Entweihung vor, wie ein Akt des Vandalismus, bei dem das größte Denkmal der Geschichte abgerissen wird.

Aber der Maidan hatte seinen Sieg schon gefeiert, die Spannung ließ nach. Als ich Oleksandr anrief und ihm zu diesem Sieg gratulierte, antwortete er: »Aber du verstehst doch, dass alles erst anfängt.«

Und als Angehöriger eines Volkes, das seine eigene Revolution viel früher hinter sich gebracht hat, fallen mir sofort die Parallelen ein. In Litauen war es in jenem blutigen Winter Anfang 1991 auch noch nicht zu Ende. Durch Vilnius fuhren weiter die Panzer, der Fernsehsender war besetzt und strahlte ununterbrochen primitive sowjetische Propaganda aus, die Anführer und Verteidiger der Revolution wurden als Faschisten bezeichnet. Es endete ein halbes Jahr später in Moskau, als der Freiheitsvirus auch dort angekommen war und die gleichen russischen Panzer das Weiße Haus und Jelzin gegen die Putschisten verteidigten.

Damals, in der Zeit unserer Revolution, bewegte sich Russland selbst in Richtung Liberalismus. Heute geht es in die entgegengesetzte Richtung. Wenn man die allgemeine Glückshysterie der Russen wegen der Krim hört, die Siegesparolen aus dem Zweiten Weltkrieg, die wiederkehrende Symbolik der Stalin-Zeit, dann wirkt dieses Land angsteinflößend und bedrohlich wie nie zuvor. Und mehr als je zuvor ist es mit dem Verstand nicht zu erfassen. In seiner Nachbarschaft zu leben ist uns unheimlich.

Allerdings haben wir noch ein Geschenk – wir können immer noch gut Russisch. Dieses Geschenk verwandelt sich in einen Fluch, wenn man russisches Fernsehen sieht: Eine solche Gehirnwäsche gab es nicht einmal in sowjetischen Zeiten. Wir sehen, welch schamlose, fanatische Lügen über uns in die Köpfe der Russen gepumpt werden, und müssen abwarten, welche Gestalt sie einmal annehmen werden.

»Bei den Kindern entfachen sie den Patriotismus in den Schulen durch Geschichten, in denen das eigene Volk als das beste und immer im Recht befindliche Volk geschildert wird; bei den Erwachsenen entzünden sie dieses Gefühl durch Schauspiele, Festlichkeiten, Denkmäler, durch eine patriotisch-lügnerische Presse. Am erfolgreichsten aber entflammen sie den Patriotismus dadurch, dass sie an den anderen Völkern alle möglichen Ungerechtigkeiten und Grausamkeiten begehen und so in diesen Völkern Feindseligkeit gegenüber ihrem eigenen Volk erwecken, dann aber diese Feindseligkeit zur Erweckung der Feindseligkeit auch im eigenen Volke benutzen.«

Man wird kaum einen Satz finden, der genauer charakterisiert, was derzeit in Russland passiert. Dabei ist er mehr als hundert Jahre alt. Sein Autor heißt Lew Tolstoi.

Es geschieht also nichts Neues. Die russische Regierung wendet das alte Rezept an, um sich an der Macht zu halten, koste es, was es wolle. Man muss in den Menschen nur das Verlangen nach politischer Revanche wecken und verkünden, dass sie zu einer besonderen Nation und Kultur, zu einem auserwählten Volk gehören. Man muss ihnen nur einreden, dass sie auf allen Seiten von Feinden umgeben sind. Wenn man Millionen von Zombies geschaffen hat, die alldem zustimmen, schickt man ein paar von ihnen los, die verlorengegangenen Landsleute zu verteidigen und sie samt allen Gebieten zurückzuerobern.

Das ist einfach zu verstehen. Wie aber lassen sich Gegengifte finden? Wo sind die Kräfte, sich von diesem Hass zu lösen, selbst wenn man weiß, dass er einem aufgezwungen, gegen einen selbst gerichtet ist? Und wie verteidigt man die eigenen Kinder vor diesem Hass, die hören, dass jemand es auf ihr Märchen abgesehen hat? Zombies, Orks, Goblins und alle, die die Welt des Guten angreifen, haben kein anderes Ziel als das Böse. Und das Böse ist einfach und von Natur aus böse.

Und wenn man versuchte, zu verstehen, ob diese Zombies böse geboren wurden oder ob sie nur verhext wurden? Denn noch vor einem halben Jahr habe ich mit vielen von ihnen gesprochen, und damals waren sie anständige, sensible Menschen. Es ist wahr, nicht alle von ihnen haben mein Märchen verstanden, nicht alle haben es geglaubt, aber wir haben ruhig darüber diskutiert. Wer hat sie verhext? Wenn wir verstehen würden, warum sie sich so verhalten, vielleicht würden wir dann den Mechanismus entdecken, der sie dazu bringt, sich so zu verhalten? Und warum wir plötzlich Feinde werden.

Ihre Großeltern haben den größten Krieg der Geschichte gewonnen und danach das ganze restliche Leben mit den verdienten Orden geklimpert. Ihre Eltern haben den Kommunismus weiter aufgebaut und möglicherweise fest an dieses Märchen geglaubt. Und sie, die heute Vierzig- und Fünfzigjährigen in Russland, sie schauen auf sich selbst mit dem hoffnungslosen Gefühl, umsonst gelebt zu haben. Sie haben keinen Sieg errungen, nichts aufgebaut, sie haben es nicht einmal versucht. Da verkündet ihr Präsident plötzlich die große Idee der Vereinigung aller Russen, das Projekt des Kampfes gegen die »Faschisten«, die sich an ihren Grenzen wieder eingenistet haben. Mit einem Streich kann man das Werk der Großeltern und der Eltern fortsetzen, das Vaterland erweitern oder sogar dafür sterben, mit einem Wort, diesem hoffnungslosen Leben einen Sinn geben.

Es ist gut möglich, dass irgendwo in den Tiefen Russlands einer meiner russischen Altersgenossen seiner Tochter vor dem Einschlafen das Märchen von einem großen Land des Guten erzählt, das einmal war, in dem es nichts gab, weder Bananen noch Jeans, in dem die Menschen dafür aber fröhlich waren und an die Zukunft glaubten. Doch dann kamen dunkle Zeiten, auf einmal brach alles zusammen. Sie wurden getreten und verachtet. Dann kam der Heerführer Putin, und alles wird wieder gut. Anschließend kauft er sich ein Ticket und fliegt in die Ukraine. Um für sein Märchen zu kämpfen.

Aus dem Litauischen von Reinhard Veser.

YAROSLAV HRYTSAK

Euromaidan. Eine kurze, aber globale Geschichte

Der Euromaidan, heißt es, sei unvorhersehbar gewesen. Ich wage zu widersprechen. Ich gehöre zu jenen, die frühzeitig, schon im Februar 2012, geschrieben haben, dass eine Revolution in der Luft liege. Im Frühjahr 2013 habe ich gesagt, es könne schon in den kommenden Monaten so weit sein.

Historiker sind schlechte Propheten. Weit davon entfernt, die Zukunft voraussagen zu können, sind sie nicht einmal in der Lage, die Gegenwart zu verstehen, bevor sie nicht zur Vergangenheit geworden ist. Wenn Historiker überhaupt etwas aus der Geschichte lernen können, dann ist es Bescheidenheit. Besonders seit vor Jahrzehnten ihr hehrer Traum zerbrochen ist, die Geschichte zu einer »echten Wissenschaft« zu machen, zu einer akademischen Disziplin, die nicht verstreute Fakten und Phänomene erforscht, sondern *big structures, large processes, huge comparisons* (um den Titel des berühmten Buchs von Charles Tilly aus dem Jahr 1984 zu zitieren). Um die Vergangenheit in den Blick zu nehmen, ziehen Historiker heute das Mikroskop dem Teleskop vor. Verallgemeinerungen bekommen deshalb sogleich den Beiklang des Politischen.

Glücklicherweise gibt es Disziplinen, die von solchen Einschränkungen nicht betroffen sind. Sie denken noch immer in großen Zusammenhängen. Es war eine Analyse des *World Values Survey*, der Weltweiten Werte-Umfrage, aus der ich den Schluss zog, dass in der Ukraine eine Revolution unmittelbar bevorstehe. Der US-amerikanische Sozialwissenschaftler Ronald Inglehart hatte das Umfrageprojekt in den frühen 1980er Jahren ins Leben gerufen, um die Modernisierungstheorien der Gegenwart empirisch zu überprüfen. Je mehr Daten gesammelt und analysiert werden, desto größer das Vorhersagepotential: Bis in die 2000er Jahre hatten die fünfte und die sechste Befragung 75 Prozent aller Länder und 90 Prozent der Weltbevölkerung erfasst. So gewährte der *World Values Survey* tiefe Einblicke in die Motivlagen des Arabischen Frühlings, aber auch in die gesellschaftliche Entwicklung Spaniens oder Japans während der zurückliegenden Jahrzehnte.

Die Umfrage bestätigt, dass es einen Zusammenhang zwischen politischem Wandel und wirtschaftlichem Wandel gibt. Demokratie und Wohlstand gehen meistens miteinander einher. Doch Ingleharts wichtigste These ist eine andere: Für ein *Zusammenwirken* von Demokratie und Wohlstand muss sich ein *Wertewandel* ereignen. Die Modernisierungstheoretiker hatten einen Wertewandel im Verlauf der sozioökonomischen Entwicklung vorausgesehen. Aber sie hatten sich auf die abnehmende Bedeutung von religiösen und die steigende Bedeutung von säkularen Werten konzentriert. Dieser Wandel begleitet den großen Übergang *(great transition)* von der Agrar- zur Industriegesellschaft. Was sie jedoch nicht erwartet hatten, war die nachfolgende Welle von Veränderungen: wie stark ein Wert wie Selbstverwirklichung im Übergang in die postindustriellen Gesellschaften zunehmen würde. Der vorausgegangene Wandel (hin zu säkularen Werten) führte nicht zwangsläufig zu Demokratie, wie sich am Fall von NS-Deutschland wie dem der Sowjetunion zeigen lässt. Der Wandel hin zur Selbstverwirklichung jedoch schon: Hat er erst einmal eingesetzt, so wird es zunehmend wahrscheinlicher, dass die Demokratie sich gegen autoritäre Regime durchsetzt.

Seit dem Untergang des Kommunismus waren sowohl Russland als auch die Ukraine in die aufeinanderfolgenden Befragungen des *World Values Survey* einbezogen. Die Umfrage legt nahe, dass sich die beiden Länder hinsichtlich der Werte in den 2000er Jahren in entgegengesetzte Richtungen entwickelt haben – trotz ihrer kulturellen Nähe. Während sich die meisten Russen für Überlebenswerte entschieden, bevorzugten viele Ukrainer Werte, die für Selbstverwirklichung stehen. Vor diesem Hintergrund hat sich Wladimir Putins Aufstieg zur Macht in Übereinstimmung mit den Wünschen und Erwartungen der Mehrheit der Russen vollzogen: Zu den Überlebenswerten zählt die Erwartung, eine Regierung der »starken Hand« an der Macht zu sehen. Aus diesem Grund ist Putins Regime in Russland tief verwurzelt.

Über Wiktor Janukowytsch und die Ukraine lässt sich das nicht sagen. Als Janukowytsch im Jahr 2010 die Präsidentschaftswahl gewann, sah es aus wie ein Systemfehler, ein Defekt. Sein Wahlsieg lief der Verschiebung in Richtung Selbstverwirklichungswerte zuwider. Es war die konterrevolutionäre Vergeltung für seine Niederlage in der Orangen Revolution 2004. Als typischer Konterrevolutionär hatte er nichts vergessen, aber auch nichts gelernt. Einige Analysten bestanden darauf, er sei »lernfähig«; der Janukowytsch des Jahres 2010 sei ein grundlegend anderer Mensch als der Janukowytsch von 2004. Er hatte in der Tat mehr Schliff und würzte seine Reden nun mit demokratischen Floskeln. Doch das war, wie sich herausstellte, nur eine Finte.

Der Augenblick der Wahrheit war gekommen, als er seine wichtigste politische Rivalin, Julija Tymoschenko, ins Gefängnis schickte. Bis dahin hatte es unter den ukrainischen Eliten eine stillschweigende Übereinkunft gegeben: Wenn man gewonnen hat, trampelt man nicht auf der Opposition herum, denn schon morgen könnte man selbst wieder Opposition sein. Janukowytsch war der erste (und hoffentlich letzte) Präsident der Ukraine, der diesen Konsens zu zerstören versuchte. Seine Weigerung, das Assoziierungsabkommen mit der EU auf dem Gipfeltreffen in Vilnius am 28./29. November 2013 zu unterschreiben, war der Tropfen, der das Fass zum Überlaufen brachte und die revolutionären Proteste auslöste. Die wachsende Empörung über Janukowytschs Gier nach Macht und Luxus stand nicht im Vordergrund, trug aber zur Dynamik der Proteste bei.

Politische Ereignisse haben ihre historischen Unterströmungen. Wie Inglehart und seine Kollegen annehmen, sind

Wandlungsprozesse pfadabhängig. Werte können sich wandeln und wandeln sich, jedoch im Rahmen bestimmter Normen, die vom historischen Erbe des jeweiligen Landes geprägt sind. Diese Auffassung entspricht einer Schlussfolgerung, zu der liberale ukrainische Historiker vor langer Zeit gelangt sind: Die Verschiedenartigkeit Russlands und der Ukraine liege nicht in der Sprache oder in der Religion begründet, sondern in jahrhundertealten politischen Strukturen, der Organisation der Eliten und in den Beziehungen zwischen Staat und Gesellschaft.[1]

Russland und die Ukraine haben sich in mehrfacher Hinsicht historisch unterschiedlich entwickelt. So waren Gebiete, die heute als ethnisch ukrainische bezeichnet werden, einst Kolonien von Griechenland, Rom und Byzanz; in der Ukraine währte die Mongolenherrschaft kürzer als in Russland etc. Viele Historiker sind jedoch der Meinung, dass der wichtigste Unterschied zwischen der Ukraine und Russland mit dem Einfluss Polens zu tun habe. Ein großer Teil des ethnisch ukrainischen Gebiets gehörte bis zum 18. Jahrhundert der polnisch-litauischen Rzeczpospolita an. Einige Regionen, wie Galizien und Wolhynien in der Westukraine, blieben bis zum Zweiten Weltkrieg polnisch. Das Wort »Polen« war daher für viele Ukrainer gleichbedeutend mit Unterdrückung. Zugleich öffnete Polen der Ukraine das Fenster zum Westen. Infolge der nicht unumstrittenen, eigenwilligen polnischen Adelsdemokratie kannte die Ukraine bereits Traditionen der Selbstverwaltung.[2]

Diese Tradition verkörpern die ukrainischen Kosaken. Sie leisteten erbitterten Widerstand gegen den polnischen Adel und strebten irgendwann eine Vereinigung mit Russland an. Doch waren sie und ihre Nachfahren – die ukrainischen Aristokraten und Intellektuellen des 19. Jahrhunderts – gegen politische und kulturelle Einflüsse aus Polen keineswegs immun. Die Kosaken sind zum wichtigsten Symbol der ukrainischen Identität geworden. Um es mit dem russisch-ukrainischen Publizisten Anatoli Streljany zu sagen: Eine russische Geschichte kann leicht ohne die russischen Kosaken geschrieben werden, aber eine ukrainische Geschichte ohne die ukrainischen Kosaken ist nicht vorstellbar.

Selbst die Art und Weise, in der sich der russische Geschichtsdiskurs im Vergleich zum ukrainischen formiert hat, sagt viel aus über die unterschiedlichen Zeitläufte Russlands und der Ukraine. In Russland wird die Geschichte von oben nach unten erzählt, als Geschichte des russischen Staates. Die ukrainische Geschichte wird von unten nach oben geschrieben: als Geschichte der Kosaken und ihrer Gebiete. Insofern sind die politischen Muster, die Personen wie Stalin und Putin an die Macht gebracht haben, in der Ukraine kaum mehr möglich. Janukowytsch hat versucht, das Gegenteil zu beweisen und ist dafür gewissermaßen bestraft worden.

Diese Unterschiede waren in der Sowjetzeit kaum zu spüren. Wenn es sichtbare Unterschiede gab, dann zwischen dem sowjetischen »Westen« und dem sowjetischen »Rest«, also zwischen Gebieten, die nach dem Zweiten Weltkrieg sowjetisiert worden waren, und Gebieten, bei denen dies zuvor erfolgt war. Zum sowjetischen Westen gehörte, unter anderem, die Westukraine, eine Region, die bekannt war für ihren antikommunistischen und antiimperialistischen Widerstand gegen den Kreml. Ein Jahr vor dem endgültigen Zusammenbruch der Sowjetunion gelang der lokalen Opposition ein Wahlsieg, durch den sie an die Macht kam und mit dem sie den Erfolg der Solidarność von 1989 im benachbarten Polen nachahmte.

Und doch ist die Sowjetunion nicht wegen separatistischer Bewegungen in ihren westlichen Grenzgebieten untergegangen. Ihr Zerfall war das Ergebnis einer tiefen politischen Krise in Moskau. Mit dem Zusammenbruch der Sowjetunion im Jahre 1991 konnten die Ukrainer ihre Unabhängigkeit beinahe wie ein Geschenk in Empfang nehmen. Keine Revolution wie in Polen, kein grundlegender Wandel der Eliten hatte stattgefunden. Wenn sich die Ukraine in den späten 1980er und den frühen

1990er Jahren von Russland unterschied, dann vor allem aufgrund der Tatsache, dass sie den russischen Reformen hinterherhinkte. Allerdings gab es einen Unterschied, der weitreichende Konsequenzen barg: Im Gegensatz zu Russland bildete sich die unabhängige Ukraine als Konsensdemokratie heraus. 1991 entschieden sich in einem Referendum 90 Prozent der Ukrainer für die Unabhängigkeit des Landes. Dieser hohe Stimmenanteil erklärt sich aus dem Kompromiss, den eine Allianz aus drei sehr unwahrscheinlichen Partnern eingegangen war: Da waren die Westukrainer, welche die nationale Unabhängigkeit anstrebten, die ehemalige kommunistische Elite im Zentrum, die ihre Macht erhalten wollte, und die Arbeiterbewegung im russischsprachigen Osten der Ukraine. Die Arbeiter entschieden sich für die nationale Unabhängigkeit, weil sie die Erwartung wachsenden Wohlstands daran knüpften. Es genügt, darauf hinzuweisen, dass in einer Prognose der Deutschen Bank von 1990 der Ukraine von allen Republiken der UDSSR die besten Aussichten auf eine erfolgreiche wirtschaftliche Entwicklung bescheinigt wurden.

Die ersten Jahre der ukrainischen Unabhängigkeit haben diese Prognose untergraben. Im Jahr 1993 erlebte die Ukraine eine Inflation von 10 200 Prozent, laut einer Einschätzung der Weltbank zum damaligen Zeitpunkt die höchste der Welt. Im Mai 1994 widmete der *Economist* der Ukraine eine ganze Ausgabe unter dem vielsagenden Titel: »Die Geburt und der mögliche Tod eines jungen Staates«. Die Wirtschaftskrise ging mit der politischen Krise Hand in Hand. Aus den drei vormals verbündeten Kräften im Westen, im Zentrum und im Osten der Ukraine wurden erbitterte Feinde. Ende 1993 prognostizierte die CIA, dass die Ukraine auf dem Weg in einen Bürgerkrieg sei zwischen dem ukrainischsprachigen Westen und dem russischsprachigen Osten, dem gegenüber der Jugoslawienkrieg sich dann geradezu wie ein unschuldiges Picknick ausnehmen würde.

Russland befand sich zu jener Zeit in einer politischen Krise, die nicht weniger tiefgreifend war. Doch die Spannungen zwischen der Präsidialregierung einerseits und der parlamentarischen Opposition andererseits wurden auf zwei sehr unterschiedlichen Wegen gelöst. Im Oktober 1993 griff Jelzin zu Gewalt und befahl den Beschuss des russischen Parlaments mit Panzern. In der Ukraine hingegen führten die Präsidentschaftswahlen im Sommer 1994 zu einer friedlichen Lösung. Leonid Krawtschuk, der erste ukrainische Präsident, den die Westukraine stützte, trat zugunsten von Leonid Kutschma zurück, der vom russischsprachigen Osten unterstützt wurde.

Der russische Historiker Dmitri Furman drückt es so aus: »Die Ukraine hat, wenn man so sagen darf, eine Demokratieprüfung bestanden, bei der wir [Russen] im Oktober 1993 praktisch durchgefallen sind.«[3] Natürlich war die ukrainische Demokratie von westlichen Standards weit entfernt. Politische Wahlen wurden manipuliert, die Korruption stieg sprunghaft an, und Journalisten, die versuchten, sensible Angelegenheiten zu recherchieren, wurden gezwungen, den Mund zu halten. Oder sie verschwanden spurlos und wurden irgendwann tot aufgefunden. Es war also bei weitem keine perfekte Demokratie, aber trotzdem eine Demokratie. Die offensichtlichste Bestätigung dafür war der friedliche Machtwechsel, der bis 2010 auf fast jede Wahl in der Ukraine folgte. Es war eine bedeutende Errungenschaft. Mit Ausnahme der drei baltischen Staaten hat keine andere ehemalige Sowjetrepublik eine solche Meisterleistung vorzuweisen.

Kutschmas Sieg 1994 wirkte noch in eine andere Richtung. In den ersten Monaten seiner Präsidentschaft hatte er mit seinem Team dringend nötige Wirtschaftsreformen eingeleitet, die bis Ende der 1990er Jahre zu einer Verbesserung der ökonomischen Lage führten. Die günstigen Wirtschaftsbedingungen hielten bis zur Krise von 2008 an. In diesem Jahrzehnt des Wohlstands wurde in der Ukraine eine neue Mittelklasse geboren. Ihr

Anteil an der Gesamtbevölkerung wuchs stetig – von 15 Prozent im Jahre 2000 auf 20 Prozent zwei Jahre später. Dies weckte Bedürfnisse nach einer besseren Lebensqualität. Die neue Mittelklasse gab sich nicht mit oberflächlichen oder kurzzeitigen Veränderungen zufrieden; sie verlangte neue und weitreichende Reformen.

Kutschma erfüllte diese Forderungen nicht. Seine zweite Amtsperiode (1999–2004) war gekennzeichnet von der Konsolidierung der Macht in den Händen von Oligarchen. Als ehemaliger Direktor eines sowjetischen Großbetriebs war Kutschma ein Mann des Industriezeitalters. Er glaubte, dass industrielles Potential die wichtigste Voraussetzung für politische Macht sei. Es waren die Industrie – vor allem die metallurgische und die chemische Industrie – und der Handel mit Gas und Öl, auf die sich die Oligarchen-Wirtschaft konzentrierte. Der größte Teil dieser Industrien befand sich im russischsprachigen Osten. Unter diesen Umständen begann der Aufstieg Wiktor Janukowytschs, der aus dem Industriegebiet Donbass stammt. Kutschma sah in ihm seinen Nachfolger.

Im Gegensatz dazu entwickelte sich die neue Mittelklasse vornehmlich im postindustriellen Dienstleistungssektor. Geographisch war sie mehr oder weniger gleichmäßig über die gesamte Ukraine verteilt, wobei sie am stärksten in den Großstädten, vor allem in Kiew, vertreten war. Alle Vertreter dieser Klasse waren vom System staatlicher Korruption abhängig, das eine unerträgliche Bürde für ihre kleinen Firmen darstellte. Der Maidan von 2004 war in einem bedeutenden Maße ihre Revolution.

Maidan und Euromaidan haben viele Gemeinsamkeiten. In beiden Fällen wurden die Proteste an denselben Orten und von denselben Menschen ausgetragen und richteten sich gegen Wiktor Janukowytsch und das Regime, das er verkörperte. Doch Umfragen, die Ende 2013 auf den Straßen von Kiew durchgeführt wurden, zeigten, dass erstaunlicherweise 37 Prozent der Befragten nicht an der Orangen Revolution teilgenommen hatten. Der Unterschied spiegelt zu einem großen Teil die Geburt eines neuen politischen Akteurs wider, der Generation der Millennials. In der Ukraine wird sie als »Generation der Unabhängigkeit« bezeichnet. Die meisten ihrer Angehörigen wurden einige Jahre vor oder nach dem Zusammenbruch der Sowjetunion geboren, weshalb sie sich kaum an die Sowjetzeit erinnern, und wuchsen in der Ära von Computertechnologien und sozialen Netzwerken heran. Die Generation der »horizontalen Verbindungen«, in sozialen Netzwerken wie Facebook und Twitter aktiv, strebt einen Egalitarismus an. Keine Generation vor ihr war jemals so gut ausgebildet: Gemessen am Anteil der Studierenden in dieser Altersgruppe gehört die Ukraine zu den führenden zehn Nationen der Welt.

Sicherlich muss Quantität nicht unbedingt Qualität bedeuten. Wahrscheinlicher ist das Gegenteil – die Standards der Hochschulen in der Ukraine sind nicht allzu hoch, und das Bildungssystem ist bis heute von Korruption verseucht. Der scharfe Gegensatz zwischen Quantität und Qualität zeigt sich auch in der zwiespältigen Lage der jungen Generation. Formelle Indikatoren sagen aus, dass junge Ukrainer potentiell zur Mittelklasse gehören. Dennoch sind ihre Chancen auf eine entsprechende Karriere minimal, wenn sie nicht einflussreiche Eltern und entsprechend viel Geld haben. Viele entscheiden sich für die Universität, um der Arbeitslosigkeit zu entgehen. Doch die Tatsache, dass ein Universitätsabschluss in dieser Altersgruppe fast die Regel ist, hat dazu geführt, dass er auf dem Arbeitsmarkt kaum noch Vorteile bietet.

In dieser Hinsicht gleichen junge Ukrainer ihren Altersgenossen in der Europäischen Union. Sie bilden eine neue soziale Gruppe, das »Prekariat«: in ihren Lebensvorstellungen Mittelklasse, den Chancen nach Proletariat. Umfragen zeigen, dass junge Ukrainer den Selbstverwirklichungswerten nach ihren Altersgenossen in der Europäischen Union näher stehen als ihren Eltern. Man könnte sogar so weit gehen zu behaupten, dass sich in der heutigen Ukraine eine tiefe Kluft zwischen den Generationen aufgetan hat – vergleichbar den 1960er Jahren im Westen.

In dem Maße, wie der Maidan 2004 eine Revolution der Mittelklasse gewesen ist, war der Euromaidan eine Revolution der Jugend. Oder besser gesagt: Die jungen Ukrainer haben den Ereignissen von 2013 und 2014 eine zusätzliche Dimension verliehen, die 2004 nicht besonders zum Ausdruck gekommen war. Der Euromaidan begann mit Protesten von Studenten. Einer ihrer Slogans war das seit 1968 bekannte *il est interdit d'interdire*, es ist verboten zu verbieten, und eines ihrer Symbole war die Guy-Fawkes-Maske. Darin glich der Euromaidan der *Occupy*-Bewegung, den Massenprotesten auf dem Taksim-Platz in Istanbul oder auf dem Bolotnaja-Platz in Moskau, den Unruhen in Brasilien, den Studentenstreiks in Bulgarien und Hongkong.

In einem aber unterscheidet sich der Euromaidan von *Occupy* und ähnlichen Protesten: Er ist von allen diesen Bewegungen die bisher einzig siegreiche. Die meisten von ihnen haben ausgesehen wie Massenhappenings, und auch der Euromaidan schien in den ersten Wochen nicht anders zu sein. An manchen Tagen, wie dem 1. und dem 8. Dezember 2013, versammelten sich in Kiew bis zu einer Million Protestierende. Aber die Oppositionsführer haben es nicht vermocht, diese massive Präsenz in einen Sieg umzumünzen.

Schuld daran war mit Sicherheit nicht nur die Opposition. Die Hauptverantwortung lag bei Janukowytsch, der sich weigerte, Zugeständnisse zu machen. Sowohl der Maidan 2004 als auch der Euromaidan 2013 haben am gleichen Tag begonnen, jeweils am 21. November. Doch im Jahr 2004 gab das politische Regime den Forderungen der Proteste nach zwei Wochen friedlich nach, und Anfang Dezember war die Orange Revolution vorüber. Im Jahr 2014 war Janukowytsch zu einem Kompromiss nicht bereit: Er unterschied sich tatsächlich radikal von allen politischen Führern in der ukrainischen Geschichte.

Niemand konnte wissen, wie lange sich diese Situation noch hinziehen würde, bis Mitte Januar eine Gruppe von nationalistischen Jugendlichen des Rechten Sektors regierungstreue Milizeinheiten angriff. Damit trat der Protest in eine Phase aktiver kämpferischer Auseinandersetzungen ein. Der Euromaidan, der friedlich begonnen hatte, endete mit Straßenschlachten, in denen ungefähr hundert Protestierende und etwa fünfzehn Milizangehörige ums Leben kamen. Der Preis für den errungenen Sieg war hoch.

Dass der Euromaidan letztlich gesiegt hat, bestätigt eine alte Regel: Revolutionen mit einer nationalen Dimension haben bessere Chancen, siegreich zu verlaufen. Janukowytsch war in den Augen vieler nicht einfach nur ein Feind – er war ein Feind der *Nation*. Er kam aus dem Donbass, der nach der Krim am stärksten russischsprachigen Region der Ukraine. Die ukrainische Identität gründete sich traditionell auf die Sprache. Nach diesem Kriterium ist jemand, der nicht Ukrainisch spricht, kein Ukrainer. Janukowytsch hat, um sein Image aufzubessern, Ukrainisch gelernt. Doch in seinem engsten Umfeld sprach er auch weiterhin Russisch. Sein Bildungsminister, Dmytro Tabatschnyk, war für seine prorussischen Ansichten und antiukrainischen Aussprüche bekannt. Sein Verteidigungsminister war ein ehemaliger russischer Staatsangehöriger. Einige Entscheidungen von Janukowytsch (insbesondere seine Weigerung, das Assoziierungsabkommen mit der EU zu unterschreiben) schien ihm Putin diktiert zu haben. Der russische Präsident hatte Janukowytsch auch 2004 schon seine Unterstützung angeboten. Kurz: Es gab genügend Gründe dafür, dass viele Protestierende in ihrer Rebellion gegen die Herrschaft von Janukowytsch einen *nationalen* Aufstand sehen konnten. Und nationale Gefühle erzeugen ein hohes Maß an sozialer Solidarität und Kohäsion. Wie Anne Applebaum schrieb: »Nationalismus ist genau das, was die Ukraine braucht. Die Demokratie versagt, wenn die Bürger ihr Land nicht für wert halten, dafür zu kämpfen.«[4]

Historisch hat der ukrainische Nationalismus keinen guten Ruf. Man verbindet mit ihm die antisemitischen Pogrome und die ethnischen Säuberungen des 20. Jahrhunderts und bezichtigt ihn der Kollaboration mit Hitler und den Nazis. Aus diesem Grund versuchten die Gegner des Euromaidan, allen voran der Kreml mit seiner Propagandamaschine, die Geschichte des Euromaidan auf eine Manifestation des ukrainischen Nationalismus zu reduzieren. Sie konzentrierten sich auf eine der drei führenden Persönlichkeiten des Euromaidan, Oleh Tjahnybok, den Chef der nationalistischen Partei Swoboda. Er und seine Parteigänger sind bekannt für ihre notorisch antirussischen und antisemitischen Aussagen. Ferner wurde auf die Präsenz nationalistischer Symbole auf dem Maidan hingewiesen, wie z. B. die Porträts von Stepan Bandera, einer Galionsfigur des ukrainischen integralen Nationalismus. Außerdem wurde der nationale Gruß »Ruhm der Ukraine, den Helden Ruhm!« zum Gruß des Euromaidan. Und last but not least waren es die Kämpfer des nationalistischen Rechten Sektors und der Swoboda, die friedliche Manifestationen in gewalttätige Zusammenstöße verwandelt hatten.

Alle diese Argumente sind nicht unbegründet. Aber sie lenken die Aufmerksamkeit auf zweit- oder drittrangige Faktoren und ignorieren das Wesentliche. Hier ein paar Beispiele: Auf der Bühne des Maidan tauchte ein großes Bandera-Porträt auf und blieb ein paar Tage hängen. Es wurde auf Forderungen von Protestteilnehmern durch das Porträt des ukrainischen Dichters Taras Schewtschenko (1814–1861) ersetzt, ein zentrales Symbol der ukrainischen nationalen Identität, nicht jedoch des ukrainischen integralen Nationalismus. Das Motto »Ruhm der Ukraine, den Helden Ruhm!« erhielt auf dem Euromaidan eine neue Bedeutung. Für die Protestierenden waren *sie selbst* die Helden und nicht die mythischen Nationalisten – sie reklamierten den Ruhm *für sich*. Ein liberaler russischer Kolumnist bemerkte ironisch, wenn Bandera wüsste, wer seine Losungen auf dem Euromaidan verkündet, würde er sich im Grabe umdrehen. Vielsagend ist auch, dass sich ein anderer, offenkundig fremdenfeindlicher Slogan, »Ruhm der Nation – Tod den Feinden«, keiner großen Beliebtheit auf dem Euromaidan erfreut hat.

Der Rechte Sektor und Swoboda spielten auf dem Euromaidan eine beachtliche Rolle. Trotzdem konnten ihre Führer, Dmytro Jarosch und Oleh Tjahnybok, bei den ukrainischen Präsidentschaftswahlen am 25. Mai 2014 nur etwa 1 Prozent der Stimmen für sich gewinnen. Selbst beide zusammen errangen weniger als der Vorsitzende des All-Ukrainischen Jüdischen Kongresses, Wadym Rabinowytsch. Bei den jüngsten Parlamentswahlen (am 26. Oktober 2014) zeigte sich ein ähnliches Muster: Beide Parteien scheiterten an der Fünf-Prozent-Hürde und konnten nicht ins Parlament einziehen. Die Wahlergebnisse lassen eine wichtige Schlussfolgerung zu: Die ukrainische Revolution hätte ohne die Nationalisten kaum eine Chance gehabt; aber die Nationalisten haben keine Chance, in dieser Revolution zu siegen.

Der Euromaidan hat gezeigt, welche Fortschritte die Ukraine in den zurückliegenden zwanzig bis fünfundzwanzig Jahren gemacht hat – von einer einstigen provinzialisierten und isolierten Sowjetrepublik zu einem Land, das sich vollständig für die Welt geöffnet hat, mit allen notwendigen Konsequenzen. Aus diesem Grund sollte man, wenn man die Ukraine gut verstehen möchte, global und großdimensioniert denken.

Die meisten Analysten jedoch tun das nicht. Sie betrachten die jüngsten Ereignisse in der Ukraine meist aus dem üblichen nationalistischen Blickwinkel und konzentrieren sich auf die nationale Identität und mit ihr verbundene Themen wie Sprache und historisches Gedächtnis. Sie gehen davon aus, dass diese Themen für den Euromaidan von zentraler Bedeutung waren.

Ironischerweise entspricht dies tatsächlich dem, was Putin denkt. Überzeugt davon, dass das wichtigste Thema in der Ukraine die auf die Sprache fokussierte nationale Frage ist, fasste er den Plan, *Noworossija*, Neurussland, zu errichten, eine Enklave jener russischsprachigen Gebiete in der Ukraine, wo die Menschen 1994 für Kutschma gestimmt haben und 2004 für Janukowytsch. Seine Pläne haben sich als nicht realisierbar erwiesen. Mit Ausnahme des Donbass stehen, laut einer Meinungsumfrage vom April 2014, die Bewohner der russischsprachigen Regionen Putin und seiner aggressiven Politik feindselig gegenüber.

Der Euromaidan war, nicht anders als der Maidan 2004, selbstverständlich zweisprachig. Während des sogenannten Russischen Frühlings, jener Kampagne in der Ukraine, als prorussische Kräfte nach der Annexion der Krim damit begannen, die Politik Putins auf dem Weg der Gewalt und Einschüchterung gewaltsam durchzusetzen, haben einige russischsprachige Autoren aus Kiew und Odessa vorgeschlagen, ein Wörterbuch der russischen Sprache in der Ukraine zusammenzustellen. Ihrer Ansicht nach könnte es den Beweis erbringen, dass die russische Sprache in der Ukraine sich von der russischen Sprache in Russland unterscheidet. Anders als in Russland selbst ist das Russische in der Ukraine die Sprache der Freiheit und der europäischen Option.[5] Es spricht für sich, dass trotz einer langen Vorgeschichte von ukrainisch-antijüdischen Ressentiments viele Juden in der Ukraine den Euromaidan unterstützt haben, weil sie in ihm die europäischen Werte verkörpert sehen.[6]

Wesentlich an den Ereignissen des Euromaidan war, dass es um *Werte* ging, nicht um *Identitäten*. Die Ukrainer bezeichnen diese Werte, ob zu Recht oder zu Unrecht, als »europäische Werte«. Und viele von ihnen waren bereit, für diese Werte ihr Leben zu geben.

Der Maidan hat Europas schönste Seiten zum Vorschein gebracht, wie westliche Intellektuelle es in einem offenen Brief an ihre Regierungen Anfang 2014 formulierten.[7] Der Sieg des Euromaidan eröffnet nicht nur der Ukraine, sondern ganz Europa neue Möglichkeiten. Die Europäische Union, daran erinnert uns Tony Judt, ist eine Interessengemeinschaft.[8] Doch ohne die Bereitschaft, in Krisenzeiten die eigenen Interessen für bestimmte Werte zu opfern, kann Solidarität nicht entstehen. Das ist etwas, was die Europäer von den Ukrainern lernen können. Natürlich nur, wenn Europa bereit ist, diese Lektion zu hören.

Aus dem Englischen von Claudia Sinnig.

Anmerkungen

1 Ivan L. Rudnytsky, *Essays in Modern Ukrainian History*, Edmonton 1987, S. 22.

2 Ihor Ševčenko, *Ukraine between East and West. Essays on Cultural History to the Early Eighteenth Century*, Edmonton / Toronto 1996, S. 114–130.

3 Dmitrij Furman, Ukraina i my. Nacional'noe samosoznanie i političeskoe razvitie [Die Ukraine und wir. Nationales Selbstbewusstsein und politische Entwicklung], *Svobodnaya mysl'* 1 (1995), S. 69–83.

4 Anne Applebaum, Nationalism Is Exactly What Ukraine Needs, *New Republic*, 12. Mai 2014; http://www.newrepublic.com/article/117505/ukraines-only-hope-nationalism.

5 https://www.facebook.com/arthur.welf/posts/10152396392667710; https://www.facebook.com/arthur.welf/posts/10152396392667710; http://www.snob.ru/selected/entry/76417. Auf einer internationalen Konferenz *Ukraine: Thinking Together* im Mai 2014 in Kiew wurde diese Idee erneut von Andrej Kurkow aufgegriffen, einem russischen Schriftsteller, der als ukrainischer Bürger in Kiew lebt.

6 http://www.jta.org/2013/2/08/news-opinion/world/young-jews-take-part-in-ukrainian-protests-along-with-ultranationalists; http://eajc.org/page32/news43672.html.

7 http://www.theguardian.com/world/2014/jan/03/support-ukrainians-build-fairer-europe.

8 Tony Judt, *A Grand Illusion? An Essay on Europe*, New York 1996.

ANDRIJ PORTNOV

Ukraine ohne Donbass? Der galizische Reduktionismus und seine Wurzeln

Das Projekt der ukrainischen Nationsbildung im 19. und 20. Jahrhundert stand für die Gründung eines Staates, der alle Territorien umfassen sollte, in denen die ethnisch ukrainische, bäuerlich geprägte Bevölkerung in der Mehrheit war. Diese Territorien hatten nach den Teilungen von Polen-Litauen Ende des 18. Jahrhunderts zu Russland bzw. zu Österreich-Ungarn gehört. Die Nationalbewegung setzte sich in beiden Imperien für die gesamtukrainische Idee, die sogenannte *sobornost*, ein.[1] Die Möglichkeit, einen eigenen ukrainischen Staat zu proklamieren, verdankte sich der europäischen Krise: dem Ersten Weltkrieg, den verschiedenen Revolutionen und dem Zerfall der Imperien. Die im November 1917 ausgerufene Ukrainische Volksrepublik in Kiew unterlag in den kriegerischen Auseinandersetzungen 1918/1919 den Bolschewiki, während die Westukrainische Volksrepublik in Lemberg / Lwiw, die im November 1918 proklamiert wurde, den Krieg gegen Polen verlor. Im Endergebnis gehörten die westukrainischen Gebiete in der Zwischenkriegszeit zu Polen und blieben daher von der sowjetischen Industrialisierung und der 1932/1933 künstlich herbeigeführten Hungersnot in der UDSSR verschont.

Die »Wiedervereinigung der ukrainischen Länder« (übrigens ein offizieller Terminus der Stalin-Propaganda) erfolgte 1939 – ein Ergebnis der deutsch-sowjetischen Aggression gegen Polen. Die endgültigen Grenzen der Sowjetukraine wurden erst nach dem Zweiten Weltkrieg festgelegt. Noch bis in die frühen 1950er Jahre hinein war in Ostgalizien, den heutigen Gebieten Lwiw, Iwano-Frankiwsk und Ternopil, ein starker nationalistischer, antisowjetischer Untergrund aktiv. Dies war der Grund, weshalb die Sowjetisierung der Region in ukrainischer und nicht, wie beispielsweise im westlichen Weißrussland, in russischer Sprache durchgeführt wurde.[2]

Galizien, das im Laufe seiner Geschichte eine längere polnische (mehr als 400 Jahre) und eine etwas kürzere österreichische Periode (146 Jahre) zu verzeichnen hatte, wurde aufgrund seiner Ukrainischsprachigkeit und der Erinnerung an den antisowjetischen Untergrund oftmals stereotyp als »Herd des Nationalismus« wahrgenommen und mit der gesamten Westukraine gleichgesetzt. Jedoch gehören rein geographisch auch die Bukowina, Transkarpatien und Wolhynien dazu, Regionen, die sich von Galizien stark unterscheiden. Wichtigster symbolischer Antipode Galiziens wurde schon in der postsowjetischen Zeit der überwiegend russischsprachige, industrialisierte Donbass – eine durch die Kohleindustrie geprägte Region an der Grenze zu Russland. Bis Ende des 19. Jahrhunderts war der Donbass vor allem »wildes Feld«, ein Steppengebiet, in dem verschiedene Nomadenvölker lebten. Im Zuge der europäischen Industrialisierung änderte sich der Charakter dieser Region rasant.[3] Ihr heutiges Zentrum Donezk trug im 19. Jahrhundert den Namen Jusowka (zu Ehren des britischen Industriellen John Hughes, der großzügig in die Region investierte). Während man Galizien häufig mit »der Westukraine« identifiziert, wird der Donbass mit »der Ostukraine« gleichgesetzt, obwohl Letztere zum Beispiel auch die Gebiete Charkiw und Dnipropetrowsk umfasst, deren Geschichte, soziokulturelle Situation und ökonomische Struktur sich von der des Donbass unterscheidet.

So unterschiedlich die Prägungen der verschiedenen Regionen, so erstaunlich das Ergebnis jenes legendären Referendums, das am Anfang der neuen ukrainischen Staatlichkeit stand. Nachdem die Ukraine am 24. August 1991 formal ihre Unabhängigkeit erklärt hatte, bestätigten am 1. Dezember desselben Jahres 97 Prozent der Bewohner des Gebietes Lwiw und 98 Prozent des Gebietes Iwano-Frankiwsk diesen Schritt. In den »Donbass-Gebieten« Donezk und Luhansk stimmten 83,9 Prozent respektive 83,86 Prozent für die Unabhängigkeit von Moskau. Welche Motive im Einzelnen bei der Abstimmung eine Rolle gespielt haben mögen, darüber lässt sich streiten, aber zweifelsohne war einer der wichtigsten Beweggründe die Auflösung der UDSSR und die Überwindung tiefgreifender ökonomischer Probleme. Ein Wirtschaftswunder ereignete sich in der postsowjetischen Ukraine nicht. Dafür zeigte das Land bis 2014 eine beeindruckende Fähigkeit, politische Konflikte gewaltfrei zu lösen. Die Ukraine war ein pluralistischer Staat – mit zwei Sprachen ohne klare geographische Trennlinien, drei orthodoxen Kirchen, einer Vielzahl anderer Konfessionen und ganz unterschiedlichen historischen Prägungen, mit den entsprechenden Erinnerungskulturen und ihren jeweiligen Helden und deren Verehrung.

Im April 2014, als der Krieg im Donbass erstmals aufflammte, schrieb der aus Iwano-Frankiwsk stammende Schriftsteller Taras Prochasko: »In unserem Fernen Osten lebt ein völlig anderes Volk. Eines, das wir Westler *(zachydnjaky)* weder verstehen noch annehmen und umso weniger als zu uns gehörig akzeptieren können. Die schönen Märchen von der Einheit des Landes zerfallen schnell, sobald man diesen Menschen direkt begegnet. Zumal sie ihre eigenen Überzeugungen haben. Und ganz anders sind als wir.«[4] Ende Dezember 2013 hatte der Lemberger Historiker Yaroslav Hrytsak den Donbass als Lebensort der »Sowjetler« *(sovky)* beschrieben, denen »die Tradition des Weihnachtssingens fremd ist«, die »an Horoskope und chinesische Kalender glauben«, sowjetische Fernsehsendungen lieben und »auf Andersdenkende herabsehen«. Der Zusammenhang von Kultur, Geschichte und Gegenwart wurde in diesem »weihnachtlichen« Text folgendermaßen dargestellt: »Völker, die das Weihnachtssingen pflegen, haben eher Aussicht auf Wohlstand und Würde als Völker, die diese Tradition nicht pflegen. Deshalb lasst uns das Weihnachtssingen bewahren. Und es denjenigen beibringen, die keine Weihnachtslieder kennen oder sie vergessen haben.«[5]

Im Mai 2014 erlaubte sich der Lemberger Journalist Ostap Drosdow in einem Facebook-Kommentar zu den täglichen Nachrichten über getötete ukrainische Soldaten folgende Äußerung: »Ich habe den Eindruck, dass außer den Galiziern niemand für den Donbass stirbt. Schon mehrfach habe ich geäußert, dass der Verbleib des Donbass im ukrainischen Staat nicht einen einzigen Tod wert ist. Erst recht nicht den eines Galiziers [...]. Für die Ostukraine sollten zuerst die Bewohner des Ostens kämpfen.« In der einflussreichen Wochenzeitschrift *Dserkalo Tyschnja* (Spiegel der Woche) schrieb er zudem, dass sich im ukrainischen Staat der Postsowjetära »der Westen in einem Land des Ostens« gequält habe. Aus dem gleichen Geist kommentierte er die Frage, ob man Kinder von Umsiedlern aus dem Donbass den Hochschulzugang in Galizien erleichtern solle: »Ich möchte daran erinnern, dass (im Unterschied zur Krim) der Donbass offiziell nicht als zeitweilig okkupiertes Territorium angesehen wird. Die Region gilt offiziell nicht einmal als Zone eines bewaffneten Konfliktes. Deshalb bin ich der Meinung, dass der ukrainische Staat dieser Region, in der die Separatisten passive Unterstützung durch die lokale Bevölkerung erfahren, nichts schuldig ist.«[6]

Wolodymyr Pawliw, ebenfalls Journalist aus Lemberg, kommentierte den Vorschlag, an der ukrainisch-russischen Grenze eine Schutzmauer zu errichten, wie folgt: »An der Grenze eine Mauer zu bauen ist eine gute, aber wenig realistische Idee. Schließlich wohnen dort auf beiden Seiten die Russlandtreuen, so dass es vielleicht besser ist, die Mauer gleich am Sbrutsch [Fluss in der Westukraine, der im 19. Jahrhundert die Grenze zwischen dem österreichischen und dem russischen Imperium bildete – A. P.] zu bauen, damit sie dann nicht noch einmal verlegt werden muss.«[7]

An Zitaten dieser Art herrscht kein Mangel. Ihr gemeinsamer Nenner besteht in einer Auffassung, die ich den »galizischen Reduktionismus« nenne, also der Annahme, dass die

Ukraine als Staat erfolgreich sein könnte, wenn sie sich von dem unheilbar sowjetisierten Donbass trennen würde. Solche Ratschläge sind keine Erfindung der gegenwärtigen Kriegszeit, sondern eine Aktualisierung von Äußerungen, die 2010 häufig zu hören waren, als Wiktor Janukowytsch zum Präsidenten der Ukraine gewählt wurde. Viele waren der Ansicht, dass vor allem die Stimmen der Krim und des Donbass die Ukraine dazu verdammt hatten, von einem korrumpierten und ungebildeten Emporkömmling aus dem kriminellen Milieu regiert zu werden. Der bekannte Lemberger Schriftsteller Jurij Wynnytschuk fragte sich damals: »Wozu brauchen wir einen so großen Staat?« und verkündete pathetisch, dass er »die Krim und den Donbass ziehen lassen würde«, überzeugt davon, dass dann »unsere Regierung völlig demokratisch« ausgerichtet sein werde.[8]

Um die Herkunft derartiger Äußerungen zu verstehen, muss man wissen, dass Ende der 1980er, Anfang der 1990er Jahre in den ukrainischsprachigen intellektuellen Kreisen eine »Entrussifizierung« der Ukraine im Gange war. Das Aufdecken der Heucheleien der sowjetischen Propaganda galt als oberste Priorität. Den durch äußere Einflüsse »verdorbenen« Menschen in der Ostukraine sollten die Augen geöffnet werden. Allerdings zeigte sich bereits Mitte der 1990er Jahre, dass eine »Entrussifizierung« in absehbarer Zeit nicht zu erwarten war. Die alten postkommunistischen Eliten, die in der Regel aus dem urbanisierten und industrialisierten Osten des Landes stammten, blieben an der Macht, die soziale und wirtschaftliche Entwicklung des Landes ließ zu wünschen übrig. Eine vollwertige Integration der Ukraine in die europäische Staatengemeinschaft lag in weiter Ferne.

In der zweiten Hälfte der 1990er Jahre verfestigte sich das Bild von den »zwei Ukrainen«, die angeblich sowohl in sprachlicher (Ukrainisch vs. Russisch) als auch in historischer Hinsicht (europäisch, d.h. vor allem polnisch-österreichisch, vs. russisch-sowjetisch) voneinander getrennt seien.[9] Der Schriftsteller und Journalist Mykola Rjabtschuk, der die Metapher der »zwei Ukrainen« geprägt hat, schrieb über Donezk: »Die Menschen sprechen hier eine andere Sprache, die sie für Russisch halten; sie besuchen – wenn überhaupt – andere Kirchen, sehen andere TV-Sender, hören andere Musik und geben ihre Stimmen vollkommen anderen politischen Parteien.«[10] Rjabtschuk, der hier für ein deutschsprachiges, vermutlich weitgehend ahnungsloses Publikum schrieb, merkte an, dass »niemand überzeugend zu erklären vermag, wo der eine Teil endet und der andere beginnt und entlang welcher konkreten Linie die erwähnte Teilung vollzogen werden sollte«. Zugleich aber beschrieb er das Industriegebiet im Donbass als »die hyperindustrialisierte, hypersowjetisierte und in den letzten Jahrzehnten auch hyperkriminalisierte Region Donbass«. Trotz vielfacher Wiederholung des Gedankens, bei den »zwei Ukrainen« handele es sich um »zwei Abstrakta, die in Reinform nicht existieren«, denn weder »der Osten« noch »der Westen« sei homogen, Elemente beider »fast in jedem einzelnen Ukrainer zu finden«, wurden Rjabtschuks Publikationen als Beschreibung geographisch klar umrissener und in sich geschlossener Gruppen rezipiert.

Wobei die eine dieser Ukrainen (»die östliche«) nicht einfach als *andere* beschrieben wurde, sondern als die *schlechtere*, die das ganze Land nach unten ziehe. »Die westliche Ukraine« hingegen wurde zum »letzten Territorium« (Juri Andruchowytsch), einem Gebiet, in dem es, Österreich sei Dank, eine europäische Architektur gebe – ein wesentliches Kriterium, warum sich zum Beispiel seine Heimatstadt Iwano-Frankiwsk unterscheide von »Dnipropetrowsk, Krywyj Rih und Saporischschja, die sich ihrerseits untereinander sehr ähnlich sind«.[11] Die Idealisierung der österreichischen Vergangenheit als Epoche eines politischen Pluralismus, kultureller Vielfalt und vor allem der Zugehörigkeit zu Europa erfüllte eine doppelte mythologische Funktion: Zum einen manifestierte sich darin die Nichtannahme der sowjetischen Erfahrung; zum anderen diente »der

Traum von Mitteleuropa« als Flucht vor den politischen Tatsachen der trostlosen Kutschma-Ära. Beinahe pathetisch rief Andruchowytsch aus: »Kaum zu glauben, daß es Zeiten gab, da meine Stadt Teil eines staatlichen Organismus war, zu dem nicht Tambow und Taschkent, sondern Venedig und Wien gehörten!« Damals, vor der Orangen Revolution, schlug Andruchowytsch das überwiegend russischsprachige Kiew noch den nichteuropäischen und nichtukrainischen Städten zu: »Kiew liegt insgesamt im Einflußgebiet gewisser ›nicht ukrainischer‹ Strömungen mentaler und psychologischer Art.«

Das Bild des »verlorenen Europas« ist vor allem deshalb aufschlussreich, weil es das Wechselverhältnis zwischen europäischer Mythologie und ukrainischem Nationalismus illustriert. In diesen und anderen Texten der zitierten Autoren werden nostalgische Töne angeschlagen. Allerdings hindert die Rührung, die man angesichts des toleranten »Großmütterchens Österreich« und der auf immer verlorenen imaginierten Multikulturalität empfinden mag, niemanden daran, die gegenwärtige Heterogenität als etwas Negatives hinzustellen. Sie gilt nicht als harmonische Vielfalt und Komplementarität, die durchaus bewundernswürdig wäre, sondern als Schwäche und Hindernis, die einer erfolgreichen Nationsbildung im Weg stehen.

In diesem Zusammenhang ist eine Publikation Rjabtschuks aus der Ära Janukowytsch über den ukrainischen liberalen Nationalismus und seine »Feinde« interessant. Rjabtschuk zufolge sind diese Feinde auf der einen Seite »der illiberale, kriegerische […] Nationalismus der ukrainischen Radikalen« und auf der anderen Seite »der neokoloniale, merklich ukrainophobe Nationalismus der Russen / Russophonen in der Ukraine«.[12] Auf diese Weise konstruiert der Autor eine Opposition, in der dem »radikalen« Teil einer scheinbar homogenen Gruppe eine andere scheinbar homogene Gruppe in ihrer Gesamtheit gegenübersteht.

Der Literaturwissenschaftler Roman Dubassewytsch, der 2010 die Stereotypisierung der russischsprachigen (östlichen)

Ukraine in den Texten führender ukrainischer Essayisten analysierte, kam zu folgendem Schluss: Ihnen liege die immer gleiche Idee von der »Reinheit der Nation« zugrunde und die Vorstellung von einer »nationalen Wiedergeburt« als Rückbesinnung auf einen von der komplizierten Geschichte unverdorbenen, »ursprünglichen« Zustand einer »nationalbewussten« Ukraine.[13]

Das Bild einer Homogenität und Reinheit der Ukraine hat zwei Aspekte. Da ist zum einen der naive Glaube, dass »die Wahrheit« die Bevölkerung des Ostens von den sowjetischen Ablagerungen befreien und eine heilsame Wirkung entfalten werde, so dass die Menschen zu einer nationalen »Normalität« zurückfinden könnten. Zum anderen ist da die Überzeugung, dass – zum Besten der Ukraine wie auch des Donbass – nur noch eine Amputation helfen könne. Die derzeitige Verfasstheit des Donbass wird jeweils als statisch und anomal beschrieben. Und de facto wird darauf verzichtet, nach realistischen Möglichkeiten eines Miteinanders der verschiedenen Ukrainen innerhalb einer politischen Gemeinschaft zu suchen.

Im Kontext des derzeitigen Krieges nimmt der Glaube an die »Reinheit« der Nation häufig den Anschein von Rationalismus an, indem ungefähr folgendermaßen argumentiert wird: Die Sowjetmentalität im Donbass sei sowieso nicht kleinzukriegen, und jetzt sei dafür auch gar keine Zeit. Deshalb solle sich die Ukraine lossagen und kein Blut mehr für den Donbass vergießen; und falls die Bewohner des Donbass doch noch den Wunsch verspüren sollten, in der Ukraine zu bleiben, so könnten sie sich ja auch selbst gegen die russische Aggression verteidigen. Diese Botschaft wird durch die rhetorische Frage untermauert, warum denn gerade im Donbass die Situation so stark destabilisiert werden konnte. Weder in Odessa noch in Charkiw, noch in Dnipropetrowsk sei ja etwas Vergleichbares geschehen. Die rhetorische Antwort auf diese Frage betont die angeblich besonders ausgeprägte Empfänglichkeit der Bevölkerung im Donbass für die russische Propaganda und deren ablehnende Haltung gegenüber der Ukraine als »ihrem« Staat. Bezeichnenderweise rückt das Argument der Sprache in den Hintergrund, da es als nicht mehr opportun gilt, öffentlich an der proukrainischen Einstellung des überwiegend russischsprachigen Kiew (seit der Orangen Revolution) oder Dnipropetrowsk (seit Frühling dieses Jahres) zu zweifeln.[14]

Die Dynamik des Begriffs »Ostukraine« selbst spiegelt eine wichtige Bedeutungsverschiebung: Loyalität zur Ukraine und die Bereitschaft, im Kriegsfall die Heimat zu verteidigen, ließen die Frage sprachlicher Präferenzen in den Hintergrund treten. Die »Ostukraine« wurde dadurch de facto auf den Donbass reduziert, der nicht einfach nur zu einem »Bremsklotz auf dem Weg nach Europa« wurde, sondern vielmehr zu einem negativen, aber komfortablen Archetyp: In ihm können sich andere Regionen durchaus selbstgefällig spiegeln, ohne dabei mit ihren eigenen Problemen, mit Paternalismus, Bestechlichkeit und Vetternwirtschaft, konfrontiert zu werden.

Die politische Aktualität des galizischen Reduktionismus besteht darin, dass er die Hauptverantwortung für die Tragödie des Donbass von den regionalen Eliten und der Intervention Russlands auf die Bevölkerung der Region verlagert. Narrative von einer beispielhaften, »Weihnachtslieder singenden« Ukraine blockieren eine intellektuelle Suche nach den geeigneten Mitteln und Wegen, wie die verschiedenen Regionen gut zusammenleben können. Letztlich entspricht dieser Reduktionismus auf seine Art der Putinschen Propaganda, die der ganzen Welt zu beweisen versucht, dass die Ukraine kein vollwertiger Staat sei, sondern ein Spaltprodukt des Zerfalls der Sowjetunion, ein tief gespaltenes Land, dessen Probleme nicht gelöst werden können, wenn man die »legitimen Interessen« Russlands nicht berücksichtige.

In der Orientalisierung des Donbass und der Postulierung eines nationalen Reduktionismus nimmt das Ideal der Homogenität eine Schlüsselposition ein. Dieses Ideal wird von vielen Intellektuellen auf eines der im Inneren vielfältigsten Länder Europas appliziert, wobei die Vielfalt in dieser Logik als Schwäche und wenn nicht als fehlende, so doch als unzulängliche Identität angesehen wird. Auf diese Weise wird dem Projekt einer modernen, offenen, pluralistischen und womöglich europäischen Ukraine eine intellektuelle Zeitbombe untergeschoben, die unter den Bedingungen eines fortdauernden Krieges und einer sich verschärfenden Wirtschaftskrise detonieren könnte. Anstatt die heterogene ukrainische Identität mit neuem Sinn zu erfüllen und nach einer adäquaten Sprache für die Beschreibung ihrer Komplexität zu suchen, schwächt der intellektuelle Reduktionismus den Pluralismus des ukrainischen Projektes und bestärkt den exklusiven nationalistischen Diskurs, selbst wenn er sich als dessen Opposition begreift. Die Angst vor den Schwierigkeiten siegt über die Suche nach komplizierten, aber tragfähigen Kompromissen.

Aus dem Ukrainischen von Lydia Nagel.

Mein Essay über den galizischen Reduktionismus wurde erstmals im August 2014 auf Ukrainisch, Russisch und Englisch veröffentlicht. Der vorliegende, wesentlich überarbeitete und erweiterte Beitrag basiert in vielerlei Hinsicht auf den aufschlussreichen Kommentaren von Kollegen, vor allem Boris Dubin, Susanne Frank, Aleksei Levinson und Juri Ruban. Ihnen gilt mein aufrichtiger Dank.

Anmerkungen

1 Einen guten Überblick über die Geschichte der Ukraine auf Deutsch bietet: Andreas Kappeler, *Kleine Geschichte der Ukraine*, München 4. Aufl. 2014. Siehe auch: *Die Ukraine. Prozesse der Nationsbildung*, hg. von Andreas Kappeler, Köln / Weimar / Wien 2011. Eine detaillierte Darstellung der Nationalbewegung findet sich in: John-Paul Himka, The Construction of Nationality in Galician Rus'. Icarian Flights in Almost All Directions, in: *Intellectuals*

and the Articulation of the Nation, hg. von Ronald G. Suny und Michael D. Kennedy, Ann Arbor 1999, S. 108–164. Zur neuesten Geschichte der Ukraine im Überblick z. B.: Serhy Yekelchyk, *Ukraine. Birth of a Modern Nation*, Oxford 2007.

2 Zum Vergleich der sowjetischen Sprachpolitik in der Westukraine und dem westlichen Weißrussland nach dem Zweiten Weltkrieg: Roman Szporluk, West Ukraine and West Belorussia. Historical Tradition, Social Communication, and Linguistic Assimilation, *Soviet Studies* 1 (1979), S. 76–98.

3 Zur Geschichte des Donbass: Hiroaki Kuromiya, *Freedom and Terror in the Donbas. A Ukrainian-Russian Borderland, 1870s–1990s*, Cambridge 1998.

4 Taras Prochasko, Dalekoschidnyj ukrains'kyj front [Die fernöstliche ukrainische Front], http://gk-press.if.ua/node/11885.

5 Yaroslav Hrytsak, Rizdviane [Weihnachtliches], http://gazeta.ua/articles/grycak-jaroslav/_rizdvyane/534035. Vgl. auch den kritischen Kommentar von Volodymyr Kulyk, Pro koliadky, inšuvannia ta mižhrupowi vidminnosti [Über Weihnachtslieder, Othering und Gruppenunterschiede], http://krytyka.com/ua/community/blogs/pro-kolyadky-inshuvannya-ta-mizhhrupovi-vidminnosti, und Hrytsaks neuen Artikel, in dem er seine These vom Primat der »Werte« über die »Identität« für ein Verstehen der zeitgenössischen Ukraine wiederholt, aber eine diskriminierende Rhetorik vermeidet: Yaroslav Hrytsak, Ukrajina vytrymaje i tse vyprobuvannia [Die Ukraine besteht auch diese Prüfung], http://krytyka.com/ua/articles/ukrayina-vytrymaie-i-tse-vyprobuvannya-1.

6 Ostap Drozdov, Zachidna Ukrajina na vychid [Westukraine – zum Ausgang], http://gazeta.dt.ua/internal/zahidna-ukrayina-na-vihid-_.html und ders., Donbas'ka dyskryminacija [Donbass-Diskriminierung], http://nvua.net/opinion/drozdov/Donbaska-diskrimnacya-4289.html.

7 Volodymyr Pavliv, Ukrajina dvoch švydkostej [Die Ukraine zweier Geschwindigkeiten], http://zaxid.net/news/showNews.do?ukrayina_dvoh_shvidkostey&objectId=1311587.

8 Juri Wynnyčuk, Ja vidpuskaju Krym [Ich lasse die Krim ziehen], http://tsn.ua/analitika/ya-vidpuskayu-krim.html.

9 Mykola Rjabčuk, *Dwi Ukrajiny: real'ni meži, virtualni ihry* [Die zwei Ukrainen: Reale Grenzen, virtuelle Spiele], Kiew 2003. Eine detaillierte Beschreibung der ukrainischen Debatte rund um das Thema der »zwei Ukrainen« findet sich in Ola Hnatiuk,

Proschannia z imperijeju. Ukrains'ki dyskusii pro identyčnist [Abschied vom Imperium. Ukrainische Diskussionen über Identität], Kiew 2005, S. 360–374. Auch bei Tanja Hofmann, *Literarische Ethnografien der Ukraine. Prosa nach 1991*, Basel 2014.

10 Mykola Rjabtschuk, *Die reale und die imaginierte Ukraine*, aus dem Ukrainischen von Juri Durkot, Frankfurt am Main 2006, S. 13 f. Die folgenden Zitate ebd., S. 15, 19, 17, 22, 24.

11 Zitat aus Juri Andruchowytschs Essay *Erz-Herz-Perz*, in dem er die Gründe formuliert, warum die Ukrainer dem österreichischen Imperium dankbar sein sollten. Wobei er sich in seinem Buch *Leksykon intymnych mist* [Lexikon intimer Städte], Czernowitz 2011, emphatisch bei Dnipropetrowsk entschuldigte. Interessant ist auch, dass in der deutschsprachigen Ausgabe von *Erz-Herz-Perz* der diskriminierende Absatz über die drei ostukrainischen Städte fehlt. Vgl. Juri Andruchowytsch, *Das letzte Territorium*, aus dem Ukrainischen von Alois Woldan, Frankfurt am Main 2003, S. 42. Die folgenden Zitate ebd., S. 42 und 128.

12 Mykola Rjabčuk, Liberal'nyj natsionalism ta joho vorohy. Ukrains'kyj doswid [Der liberale Nationalismus und seine Feinde. Ukrainische Erfahrungen], in: *Obrii osobystosti. Knyha na poshanu Ivana Dziuby* [Horizont einer Persönlichkeit. Festschrift für Ivan Dziuba], Kiew 2011, S. 301. – Den Terminus »liberaler Nationalismus« schlug 1997 der polnisch-amerikanische Philosoph Andrzej Walicki vor; Andrzej Walicki, Czy możliwy jest nacjonalizm liberalny? [Ist ein liberaler Nationalismus möglich?], in: ders., *Naród, nacjonalizm, patriotyzm* [Nation, Nationalismus, Patriotismus], Krakau 2009, S. 399–420. Unter einem liberalen Nationalismus versteht Walicki den Verzicht auf die Aneignung nationaler Errungenschaften durch eine einzelne Partei oder gesellschaftliche Gruppierung, Achtung vor der Persönlichkeit, die Fähigkeit, das eigene Wertesystem zu reflektieren und die Werte anderer zu akzeptieren.

13 Roman Dubasevyč, Dity rozpaču [Kinder der Verzweiflung], http://www.telekritika.ua/daidzhest/2010-12-20/58543.

14 Zu Dnipropetrowsk und der Dynamik seiner derzeitigen Transformation: Andrij Portnov, Dnepropetrovsk. Tam, gde načinaetsia Ukraina [Dnipropetrowsk. Dort, wo die Ukraine beginnt], http://gefter.ru/archive/12617; Andrij Portnov und Tetiana Portnova, Die »jüdische Hauptstadt der Ukraine«. Erinnerung und Gegenwart in Dnipropetrowsk, *Osteuropa* 62 (2012), H. 10, S. 25–40.

JURI ANDRUCHOWYTSCH
»Wir übertreiben sehr, wenn wir von der Vielfalt in der Ukraine reden« – Gespräch mit Paweł Smoleński

PAWEŁ SMOLEŃSKI: In deinem Essay *Erz-Herz-Perz* erzählst du in einer schönen Passage von deiner Großmutter Irena Skoczdopol, die als Zwölfjährige den Erzherzog Franz Ferdinand mit seinem Gefolge durch Stanislau (Iwano-Frankiwsk) hat fahren sehen – zum Bahnhof, wo er den Zug nach Sarajewo besteigt. Ein Idyll aus einer vergangenen Zeit, wir wissen ja alle, was wenig später geschieht – die erste große europäische Tragödie, die für euch Ukrainer noch größer ist als für uns Polen, weil Polen die Unabhängigkeit wiedergewinnt, während die Ukraine in eine neue Gefangenschaft gerät. Noch besser gefällt mir freilich dein Gedanke, damals hättest du in deiner Heimatstadt eine Fahrkarte nach Wien oder Triest kaufen können, und kein Mensch hätte nach einem Pass oder Visum gefragt. Hinterher war es unmöglich, ohne Pass in den Osten zu fahren, obwohl auch dort Ukrainer lebten, die eine ähnliche Sprache sprachen und in denselben Kirchen denselben Gott verehrten. Der Osten lag außerhalb des Blicks und der Vorstellung. Die große europäische Tragödie endete, und neben den Weißrussen standen die Ukrainer als Einzige ohne eigenen Staat da. Die große Nation war aufgeteilt zwischen Polen und Sowjetrussland. Wenn es ein kollektives Gedächtnis gibt, welche Rolle spielt diese Aufspaltung heute?

JURI ANDRUCHOWYTSCH: Die Trennlinie zwischen Ost- und Westukraine besteht weiter, aber ich bin in dieser Frage hartnäckig optimistisch. Nach 1991, nach der Erlangung der Unabhängigkeit, habe ich erlebt, wie sich die Unterschiede verwischten. Es konnte gar nicht anders sein. Wir haben jetzt einen Staat, mit allem, was dazugehört, wir haben eine gemeinsame Hauptstadt, die Landesgrenzen sind eine unzweifelhafte

Tatsache. Es wachsen Menschen auf, die nichts anderes kennen als dieses Land, manche von ihnen sind schon erwachsen. Das Symbol der Unabhängigkeit war von Anfang an die Flagge – keine Ahnung, warum ausgerechnet die Flagge und nichts anderes. Heute scheint mir, dass die Trennlinie eher zwischen überzeugten und schwankenden Ukrainern verläuft. Diese Linie verschiebt sich unaufhaltsam von West nach Ost, das Terrain der überzeugten Ukrainer wächst.

PAWEŁ SMOLEŃSKI: Woraus speist sich die Identität der überzeugten Ukrainer? Aus der Tradition des Unabhängigkeitskampfs in Galizien? Aus der kurzen Zeit der Unabhängigkeit unter Symon Petljura? Aus den Nationalbewegungen, der Organisation Ukrainischer Nationalisten (OUN), der Ukrainischen Aufstandsarmee (UPA)?

JURI ANDRUCHOWYTSCH: Ich glaube, dieses Thema hat nicht vorrangig mit Galizien zu tun, schon gar nicht in fast ausschließlich historischer Sicht. Die galizische, die ukrainische Intelligenzija, eigentlich alle denkenden Menschen aus Lwiw oder Iwano-Frankiwsk, ordnen sich gern der Hauptstadt Kiew unter. Die Idee eines ukrainischen Zentrums ist stärker als das Diktat des Westens. Wir wissen, dass wir nicht die gesamte Ukraine in ein zweites Galizien verwandeln können, die Ukraine ist um ein Vielfaches größer, komplexer und wichtiger als Galizien.

PAWEŁ SMOLEŃSKI: Du hast selbst über das galizische Überlegenheitsgefühl geschrieben, wenn auch mit nachsichtigem Spott. Über einen Bekannten, der sagte: »Galizier und Ukrainer sind Brudervölker.«

JURI ANDRUCHOWYTSCH: Das war nur eine literarische Provokation, echte Verfechter einer galizischen Identität gibt es vielleicht zwei oder drei. Daraus entstehen keine antiukrainischen Organisationen, Geheimbünde oder Verschwörungen. Es handelt sich mehr um einen Scherz, auch wenn man zuweilen gern die Nase hoch trägt, weil man aus Lwiw kommt, einer k.u.k. Stadt mit Geschichte, mit Tradition und nicht nur sowjetischen Plattenbauten. Ich kenne einen einzigen galizischen Separatisten, der Galizier und Ukrainer für Brudervölker hält. Allerdings bin ich mir nicht sicher, ob man ihn noch so nennen darf, weil man bei Separatismus heutzutage gleich an die russischen Agenten und die Söldnertrupps des GRU, des Moskauer Militärnachrichtendiensts, in der Ostukraine denkt.

Abgesehen davon ist der galizische »Separatismus« – siehst du, Paweł, sie nehmen uns sogar die Wörter – mehr kultureller Art, er betrifft die Anbindung an die westliche Zivilisation und das alte Österreich-Ungarn, den Zug von Lwiw nach Triest, den man ohne Pass benutzen konnte. Die Wörter ändern ihre Bedeutung. Heute ist Separatismus gleichbedeutend mit Krim und Donbass. Wenn eine Kneipe in Lwiw sich etwas Lokalkolorit verpassen will, kann sie Porträts von galizischen Rittern des 13. Jahrhunderts an die Wand hängen. Porträts von galizischen Rittern sind schließlich kein politisches Projekt. So etwas hat nie jemand ernsthaft versucht. Galizien ist loyal zur Ukraine, die Region hält sich lieber im Hintergrund und prägt das Land mit, wie andere Regionen es auch tun, anstatt sich wer weiß was einzubilden. Wo sollten wir denn auch hin? Nach Polen? Zu den Ungarn? In die Slowakei? Oder sollen wir vielleicht einen eigenen Staat gründen? Komm mir nicht damit! Das ist nicht dein Ernst! Höchstens, wenn die Hauptstadt auf dem Mond wäre.

Gerade die Galizier sind die entschiedensten Gegner der Separatisten im Donbass – überhaupt aller Separatisten, die galizischen eingeschlossen. Von ihnen habe ich die heftigsten Prügel bezogen, als ich 2010 – was man heute kaum glauben kann – in einem Interview und in einigen Texten sagte, falls noch einmal ein Wunder geschehe und der ukrainische Freiheitsdrang neu erwache und in Kiew, Lwiw und Winnyzja wieder Revolutionäre die öffentlichen Plätze besetzten, dann solle man den Bewohnern der Krim und des Donbass die Möglichkeit geben, aus der Ukraine auszutreten, ein Referendum durchzuführen und so weiter. Ich habe natürlich nicht gedacht, dass es so ablaufen würde wie heute, durch russische Aggression und regelrechten Krieg, o nein, so habe ich mir die Sezession nicht vorgestellt. Das war damals gerade erst der Beginn von Janukowytschs Amtszeit, aber ich hatte schon die Nase voll von ihm und den Donbasser Verhältnissen, die er uns beschert hatte.

Im Nachhinein denke ich, ich hatte in gewisser Weise recht – man darf nicht vergessen, dass auf der Krim und im Donbass Menschen leben, die nicht unbedingt zu Kiew gehören wollen. Nicht alle, aber ein großer Teil. Wenn das höchste Ziel für die Ukraine die Wahrung der territorialen Integrität sei, Krim und Donbass eingeschlossen, dann – so meine damalige Argumentation – müsse man sich damit abfinden, dass jemand wie Janukowytsch zur Verwirklichung dieses Ziels die optimale Lösung bietet. Später vielleicht sein Sohn, eine ganze Dynastie von Janukowytschs, denn nur solche Typen können das ganze Land an der Kandare halten, die problematischsten Ecken der Ukraine sind ihr Lehnsgebiet, dort haben sie ihre Wähler. Unter einem Präsidenten wie Janukowytsch könnte im Donbass und auf der Krim eine proukrainische Stimmung entstehen, ja sogar etwas wie Vaterlandsliebe – und Solidarität mit Kiew. Und das hat sich ja auch nach 2010 bestätigt, nachdem Janukowytsch Präsident geworden war. Die Leute von der Krim und aus dem Donbass identifizierten sich plötzlich sehr mit der Ukraine, nur eben mit der Janukowytsch-Ukraine, einem degenerierten, verrohten Ungetüm.

Vielleicht sollte man dem Donbass und der Krim daher wirklich das Recht zugestehen, sich von der Ukraine zu lösen. Irgendwann in Zukunft. Nur ist diese Diskussion heute sinn- und gegenstandslos. Russland hat uns die Krim geraubt, die Teil der Ukraine war, und will uns nun noch den Donbass rauben. In normalen Zeiten würde ich sagen, wem es in der Ukraine nicht gefällt, der soll gehen, wohin er mag. Aber ich bin mir auch nicht sicher, ob die Krim und der Donbass wirklich dauerhaft zu Moskau gehören wollen. Und ich halte schon gar nichts davon, dass Russland mein Land zerstückelt.

Weil sich die Donbasser Clique damals immer stärker fühlte, haben Publizisten dort und auf der Krim mich ordentlich zusammengeschissen: »Was quatschst du denn von Separatismus? Bei uns wächst doch die Zustimmung für den ukrainischen Staat.« Ich habe erwidert, das gelte nur so lange, wie Janukowytsch oder jemand anderes von seinem Schlag Präsident der Ukraine sei, und das sei ein Unglück hoch zwei. Für sie war es kein Unglück, und sie dachten, die Sache wäre ein für allemal erledigt, weil sie in Kiew nur solche Typen sahen.

Aber letztlich war die Kritik aus dieser Richtung nichts im Vergleich mit den Stimmen der Westukrainer. Aus Galizien kamen noch schärfere Vorwürfe, nur anders formuliert, mehr psychoanalytisch. Man schrieb, ich sei enttäuscht, weil mich im Donbass keiner lese, weil ich dort keine Bücher verkaufe, kurzum, ich sei ein verdammter frustrierter Egoist, und weil es nicht liefe, würde ich Schwachsinn verzapfen. In Wirklichkeit hatte ich im Donbass immer volle Säle, und meine Bücher waren im Nu vergriffen, anders als in Lwiw, wo man mich offenbar satthat.

Aber was soll's? Wir übertreiben sehr, wenn wir von der Vielfalt in der Ukraine reden. Welche Vielfalt denn, zum Teufel? Folklore – ja! Die gibt es. Wir sind im Grunde ein monoethnisches Land, mehr als 70 Prozent der Einwohner sind Ukrainer. Multikulturell wäre eine Mischung wie in Marseille oder New York. Laut Melderegister gibt es bei uns Slowaken, Ungarn, Polen, Juden, Griechen, Bulgaren und Roma aus unterschiedlichen Clans. Aber was heißt das schon, wenn man sie nur auf Festivals sieht – wenn es ernst wird, sprechen sie Russisch oder Ukrainisch. Wir haben also keine Vielfalt, sondern Zweisprachigkeit. Und natürlich das gesonderte, aber dafür riesige Problem mit der Krim und dem Donbass. Überall sonst bewegen sich die Dinge langsam, aber sicher in Richtung Einheit.

PAWEŁ SMOLEŃSKI: Und was ist mit dem kollektiven Gedächtnis, mit der historischen Identität, die von Generation zu Generation weitergegeben wird? Der Westen der Ukraine ist durch Polen und die damit verbundenen Probleme geprägt worden. Der Osten hat den Holodomor durchgemacht und war einige Jahrzehnte länger Teil des Sowjetparadieses. Und beide Seiten haben eine andere Sicht auf ihre jeweiligen Erinnerungen. Der Westen würde niemals den Holodomor im sowjetischen Teil der Ukraine als unbedeutendes Ereignis abtun. Im Gegenteil, man verneigt sich vor den Opfern eines der größten Verbrechen des 20. Jahrhunderts. Umgekehrt sieht der Osten Galizien nicht als ukrainisches Piemont, die nationalen Bewegungen und die für den Westen wichtigen Figuren – Dmytro Donzow, der Vordenker des ukrainischen Nationalismus, oder Stepan Bandera – sind ihm suspekt, sie gelten als Banditen, Faschisten und Verbrecher.

JURI ANDRUCHOWYTSCH: Man darf die westliche und die östliche Sicht auf den Holodomor, auf die UPA und auf Bandera nicht gegeneinander aufrechnen. Hier wie dort geht es jeweils um etwas anderes.

In der Westukraine betrachtet man den Holodomor als Verbrechen gegen die Menschlichkeit. Im Osten dagegen, der den Holodomor ja durchlitten hat, ist der stalinistische Massenmord noch längst nicht bei allen im Bewusstsein – die Zahl wächst, aber nicht sonderlich schnell. Der Westen hat keine Schwierigkeiten mit Bandera oder dem noch früheren Symon Petljura, weil das unsere Vergangenheit ist. Im Osten ist das anders, weil es nicht ihre Leute waren und dazu noch leidenschaftliche Antikommunisten. Die Richtung ist aber eindeutig:

Das kollektive Gedächtnis wird mehr und mehr ein gemeinsames, im Osten gibt es immer mehr Leute, die manche Dinge inzwischen anders sehen.

Abgesehen davon würde zumindest ich dem Osten Stepan Bandera nicht als großen ukrainischen Helden verkaufen wollen. Zum einen bin ich selbst nicht ganz davon überzeugt und weiß auch nicht, ob momentan die richtige Zeit ist, darüber nachzudenken. Bandera ist eine wichtige Gestalt für unsere ukrainische Identität, er wird bestehen oder auch nicht, sofern es in den ukrainischen Schulen einen objektiven Geschichtsunterricht gibt, was in den Jahren der Unabhängigkeit nicht immer selbstverständlich war, zumal unter Janukowytsch und seinem Bildungsminister Dmytro Tabatschnyk, einer Kanaille sondergleichen. Ihr Verständnis von ukrainischer Geschichte war eine Mischung aus sowjetischer Agitation und sinnlosem Gestammel. Tabatschnyk hätte geschworen, dass die Ukrainer von Giraffen abstammen, wenn er sich damit bei Janukowytsch und Russland hätte einschleimen können.

Alle Ukrainer müssen erfahren, dass Stepan Banderas politische Ideen klar in Richtung Totalitarismus weisen. Im Westen des Landes ist das keine Neuigkeit, aber doch eine wichtige Information, über die man gründlich nachdenken sollte. Dass er in einer Unabhängigkeitsbewegung, die Terror bejahte, gegen Polen kämpfte. Dass er ethnische Säuberungen propagierte. Dass er eine Zeitlang mit den Nazis kooperierte, sich aus dieser Kooperation aber herauswand und sich zum Kampf gegen die Deutschen entschloss. Dass er dafür in Sachsenhausen landete, freilich nicht als Häftling, sondern als Internierter, was auch wieder bezeichnend ist. Und natürlich, dass Bandera ein typisches Kind seiner Zeit war, in der ein schmerzlicher Mangel an Demokraten herrschte, nicht nur in der Ukraine.

Man muss auch erzählen, wie das sowjetische System die ukrainischen Nationalisten vernichtete: seinen Gegner Nummer eins, der, wenn man die Nachrichten im russischen Fernsehen ernst nimmt, in unseren Tagen wundersam von den Toten auferstanden ist als – so der Kreml – schlimmster Feind der Ukraine und Russlands. Oder auch, dass die Sowjetpropaganda die Erinnerung an Bandera deshalb in den Schmutz zog, weil er letztlich mit dem Westen zusammenarbeitete. Ich glaube, die Sowjets haben ihn nicht wegen seiner Taten im Krieg umgebracht, da saß er ja die meiste Zeit, sondern weil er ihnen nach dem Krieg gefährlich wurde.

Bandera ist eine so komplexe Gestalt, jeder, der mag, kann sich ein eigenes Urteil bilden und sich fragen, »was wäre gewesen, wenn …«. Nur sollte auch die kritischste historische Darstellung und Bewertung Banderas, der OUN oder der UPA nicht davon abhängen, ob ein Geschichtsbuch in Lwiw, Poltawa oder Dnipropetrowsk erscheint.

Kurz gesagt, ich glaube nicht, dass die Ostukrainer für alle Zeiten darauf programmiert sind, Bandera und seine Anhänger zu hassen, nur weil man ihnen das jahrelang eingetrichtert hat. Aber es braucht Zeit, bis die Leute begreifen, dass geschichtliche Wertungen, selbst die kritischsten, und sowjetische Diffamierungen zweierlei sind. Wenn sich dann noch die Gegenwart in die Vergangenheit einmischt, wird es noch übler.

Der Osten der Ukraine, aber nicht nur er, war furchtbar enttäuscht von Wiktor Juschtschenko, dem Sieger der Orangen Revolution. Dafür gab es Gründe, die auch für die Bewohner von Lwiw offensichtlich waren, aber in Charkiw oder Odessa kam noch etwas anderes hinzu, nämlich das Verhältnis zur Geschichte. In meinen Augen hat Juschtschenko als Staatspräsident die Politik des nationalen historischen Gedächtnisses kompromittiert. Den Westukrainern war das egal, weil es endlich einen Präsidenten gab, der – wenn auch nicht sonderlich geschickt – die ukrainische Vergangenheit zusammenzuflicken versuchte und der nicht anfing zu knurren, sobald jemand »Bandera« oder »UPA« sagte. Der Osten hat Juschtschenko insgesamt eindeutig negativ betrachtet: Er war ungeschickt, intrigant, machte unsaubere Geschäfte, also mussten auch hinter seiner Geschichtspolitik, hinter dem Gerede über die UPA und über Bandera, über die sowjetische Unterdrückung und den Holodomor irgendwelche betrügerischen Absichten stecken.

Juschtschenkos Regierungszeit war eine Dauerkrise, die durch politische Spielchen überdeckt wurde. Um sein Ansehen im Osten zu polieren, weihte er Denkmäler für die Opfer des Holodomor ein, er reiste mit seinem Gefolge in die Dörfer, deren Bewohner Stalin hatte verhungern lassen, nahm an feierlichen Enthüllungen teil und gab in schmalzigen Reden den Vater der Nation. Und was passierte? Die Einheimischen, also die Enkel und Urenkel der Opfer, zerstörten diese Denkmäler gleich wieder – aus Protest gegen Juschtschenko.

PAWEŁ SMOLEŃSKI: Interessant, wenn die Geschichte in der Gegenwart als Knüppel betrachtet wird. Egal, was war, Hauptsache, man kann auf den anderen einprügeln. Das Wort *banderowez*, Bandera-Jünger, fungiert in der russischen Sprache, und nicht nur dort, wieder als üble Beleidigung. Die einen stimmen zu, andere protestieren, und wieder andere versuchen zu differenzieren und zu erklären. Aber der Ausdruck *banderowez* ist wiederauferstanden und, vielleicht zum ersten Mal in der Geschichte, zu internationaler Berühmtheit gelangt. Und das, obwohl die echten *banderowzy* in der Ukraine eine verschwindend kleine Minderheit bilden. Umgekehrt habe ich nicht gehört, dass jemand das heutige Russland, das sich in die ukrainischen Angelegenheiten einmischt, für den Hungertod von Millionen Menschen im Osten des Landes verantwortlich macht. Ich habe nicht gehört, dass man die Berkut-Leute als Nachfolger der Gulag-Wächter bezeichnet hätte.

JURI ANDRUCHOWYTSCH: Das ist – zumindest in meinem Fall – eine Sache der Zugehörigkeit zu einer anderen Kultur des Wortes. Man darf den Holodomor nicht wie ein Puzzlestück behandeln, so nach dem Motto, heute passt er gut, wenn man zeigen will, wie scheußlich Russland ist – denn das ist es –, also los, lasst uns jeden Tag an den Holodomor erinnern und mit dem Finger auf Russland zeigen. Denn schließlich sind nicht die Russen schuld daran, das Ukrainer verhungerten, sondern der Stalinismus. Schuld ist das Sowjetimperium, vielleicht sogar das Russische Reich, das die Gestalt der Sowjetunion angenommen hatte; der Staat hat sich schuldig gemacht, nicht die Menschen, das russische Volk. Ich besitze einen gesunden Sinn dafür, was angemessen ist und was nicht, und ich bin nicht bereit, Absurditäten zu verbreiten. Also werde ich niemals behaupten, die Russen hätten Ukrainer verhungern lassen, weil ich nicht auf das Niveau derer herabsinken will, die mich als *banderowez* oder »Nazi« beschimpfen. Ich will nicht verallgemeinern, ich will mich nicht in die Gesellschaft von Lügnern und Verleumdern begeben, auch nicht, wenn ich sie bekämpfe. Ich werde bei diesem sowjetischen Propagandageschrei nicht mitmachen. Überhaupt gibt es nur wenige Ukrainer, die darauf Lust hätten.

Und abgesehen von allem anderen würde ich gegen die russische Propaganda immer den Kürzeren ziehen, denn außerhalb der Ukraine, außerhalb der Länder, die unter russischer oder sowjetischer Herrschaft standen, um es dezent zu formulieren, begreift niemand oder fast niemand die grundlegenden, fundamentalen Dinge. In unserer heutigen Zeit möchte das auch nicht jeder. Wenn ich losblöke, in den 1930er Jahren hätte Russland mein Volk verhungern lassen, dann antwortet Moskau: »Moment mal, die Kommissare, die Inspektoren des Sicherheitsdienstes, die Schützen und die Sekretäre der Kommunistischen Partei in der Ukraine waren damals doch ethnische Ukrainer.« In dieser Hinsicht liegen sie gar nicht so falsch, obwohl sie kein einziges wahres Wort sagen.

Holodomor, Kommunismus, die ukrainische Kollaboration mit Deutschen und Sowjets, die Lager – all das sind gezinkte

Karten, aber nicht die schlechtesten, um sie heute auszuspielen. Sieh nur: Wenn einer erzählt, für den Kommunismus, den NKWD seien die Juden verantwortlich, dann glauben ihm die Dummköpfe, und die Schlaumeier reiben sich die Hände. Auch den Holodomor kann man den Juden ankreiden. Denn es gab auch Juden in der Führung der ukrainischen Bolschewiken. Auch Juden leiteten die Komsomolzentrupps, die den ausgehungerten Dörfern die letzten Säcke Getreide nahmen. Ja und? Sollen wir mit in den Chor einstimmen, an allem seien die Juden schuld? Nein, natürlich nicht. Das ist Schwachsinn.

PAWEŁ SMOLEŃSKI: Solschenizyn und viele andere Lagerhäftlinge schreiben, nach dem Krieg hätten die verbannten UPA-Leute das Lagersystem komplett umgekrempelt. Durch sie hätten die politischen Häftlinge, aber auch die Schwächeren allgemein gespürt, dass sie nicht nur Dreck waren. Der Archipel Gulag sei auch deswegen untergegangen, weil es die ukrainischen Partisanen geschafft hätten, in seinem Inneren eine Ordnung zu errichten, die imstande gewesen sei, das System der sowjetischen Lager zu sprengen. In den Lagern hätten nicht länger die stärksten Gangster die Regeln bestimmt. Stattdessen habe eine gut organisierte Untergrundarmee die Macht übernommen.

JURI ANDRUCHOWYTSCH: Ein sowjetischer Dissident, ich glaube Wladimir Bukowski, hat einmal gesagt, zu Stalins Zeiten – und das habe sich auf die späteren Jahrzehnte übertragen – sei die Gesellschaft in zwei Hälften gespalten gewesen: Die eine Hälfte habe gesessen, die andere habe sie bewacht. Deshalb waren die ukrainischen politischen Häftlinge, die *banderowzy*, in der UDSSR verhasst. Der Sowjetmensch hatte keine Wahl, er war entweder Lageraufseher, Denunziant oder Spitzel und musste demnach die ukrainischen Faschisten bekämpfen, oder er war Ganove, und diese verdammten UPA-Leute nahmen ihm die Macht über den Gulag.

Das war, in den Details, nur eine andere Variante desselben Hasses. In der alptraumhaften sowjetischen Lagerwirklichkeit bescherten die »Schlächter« von der UPA den Banditen und dem Sowjetstaat eine neue Ordnung. Die einzige Reaktion darauf waren Rache und Hass, solche Leute konnte man nur möglichst qualvoll töten. Nur wie sollte man das anfangen, wenn hinter einem Gefangenen die Gefährten aus den Wäldern standen? Die Bindungen, die der Partisanenkampf schuf, waren stärker als Lagergesetze und Angst. Von da an hatten die Banditen allen Grund, sich zu fürchten, denn in den Lagern saß die ukrainische Untergrundarmee. Damit waren die Zeiten vorbei, in denen die Lager von Gangstern mit Stalin-Tattoo auf dem Herzen regiert wurden, also von Patrioten, Kriminellen zwar, Mördern, aber letztlich systemtreuen Mördern. Die NKWD-Aufpasser wachten darüber, dass nichts von diesem Wandel nach außen drang, doch es gelang ihnen nicht ganz, die Leute wussten, dass sich etwas geändert hatte. Wenn also Bukowski recht hatte, und er hatte hundertprozentig recht, dann wurden die Ukrainer, also die *banderowzy*, die unerwartet und effektiv die Lagerordnung gesprengt hatten, von der ganzen Sowjetunion gehasst, von den kriminellen Lagerhäftlingen ebenso wie von den Wärtern. Das steckt bis heute in den russischen Köpfen.

Aus dem Polnischen von Bernhard Hartmann.

JAROSŁAW KUISZ • KAROLINA WIGURA

Helle und dunkle Solidarität – Polens Blick auf die Ukraine

Im Jahr 1952 kam es zu einem aufschlussreichen vertraulichen Briefwechsel zwischen Jerzy Giedroyc, dem Chefredakteur der in Paris erscheinenden polnischen Exilzeitschrift *Kultura*, und Bohdan Osadczuk, einem der wichtigsten ukrainischen Intellektuellen im Exil. Anlass waren Gerüchte über die geplante Erweiterung des in München ansässigen Senders *Voice of America* um eine ukrainische Sektion. Giedroyc bat Osadczuk, er möge die Leitung der neuen Abteilung übernehmen. Zur Begründung schrieb er: »Weil die russische Abteilung von *Voice of America* von Leuten geleitet wird, die stark nationalistisch, vor allem aber anti-polnisch und anti-ukrainisch eingestellt sind, wäre es wichtig, die ukrainische Sektion entsprechend zu besetzen. Dabei muss man behutsam vorgehen, um nicht gleich Verdacht zu wecken.«[1]

Obwohl damals der Zweite Weltkrieg, der Polen und Ukrainer blutig entzweit hatte, noch keine zehn Jahre zurücklag, suchten Giedroyc und Osadczuk entschlossen nach einer Basis für Verständigung und Versöhnung. Denn nach 1945 mussten auch die polnisch-ukrainischen Beziehungen und allgemein die Beziehungen Polens zu seinen östlichen Nachbarn neu gedacht werden. Jahrzehntelang hatte in der kollektiven Imagination der Polen das Bild des »schwarzen Pöbels« *(czerń)* dominiert – der barbarischen Bevölkerung der ukrainischen Gebiete, die sich gegen den polnischen Adel, die Schlachta, empörte. Dieses Bild wurde im 19. Jahrhundert unter anderem durch die höchst populären Werke von Henryk Sienkiewicz und im 20. Jahrhundert durch Romane von Zofia Kossak-Szczucka und Włodzimierz Odojewski vermittelt.[2] Doch mit dem Jahr 1945 waren die alten »prometheischen«,[3] antisowjetischen Ideen ebenso obsolet geworden wie die Bestrebungen, den Osten zu kolonisieren. Der politische Journalist Juliusz Mieroszewski schrieb: »Wir haben den Krieg auf ganzer Linie verloren, denn von der souveränen Polnischen Republik ist nicht mehr das Geringste übrig geblieben. Unsere traditionelle Vorstellung von Polen als Bollwerk der westlichen Zivilisation liegt in Trümmern.«[4]

Die Erinnerung an eine weitere, diesmal durch den Zusammenbruch der Zweiten Polnischen Republik ausgelöste Etappe des polnisch-ukrainischen Konflikts war unmittelbar nach dem Zweiten Weltkrieg noch lebendig: die Verschiebung der Grenzen und die Politik der beiden totalitären Regime, die um die polnischen, ukrainischen und weißrussischen Gebiete konkurrierten. In den Jahren 1943 und 1944 hatten die Ukrainische Aufstandsarmee (UPA) und die Organisation Ukrainischer Nationalisten (OUN) in Wolhynien ca. 60 000 Polen ermordet. In Racheakten hatten Einheiten der polnischen Heimatarmee, aber auch Teile der lokalen Bevölkerung in Podkarpatien einige hundert ukrainische Dörfer zerstört, niedergebrannt und die Bewohner ermordet.[5]

Zensur und Propaganda der »Brudervölker« hatten es vor 1989 unmöglich gemacht, das Thema in Polen offiziell anzusprechen. Wichtige Beiträge lieferte aber die Exilpresse, allen voran die Pariser *Kultura*. In ihrem Umkreis entstand das Konzept UBL (Ukraine – Belarus – Litauen), das Demokratie in den drei Staaten als Voraussetzung für ein demokratisches Polen postulierte. Zugleich rief man zum Dialog mit Moskau auf. »Wir müssen den Kontakt und die Verständigung mit denjenigen Russen suchen, die bereit sind, Ukrainern, Litauern und Weißrussen das volle Recht auf Souveränität zuzugestehen. Und wir selbst müssen, was nicht weniger wichtig ist, ein für allemal auf Wilna und Lemberg verzichten und jegliche Politik oder Pläne aufgeben, die auf eine polnische Dominanz im Osten auf Kosten der genannten Völker abzielen«, hieß es im Jahr 1974 in der *Kultura*.[6] Damals waren viele Polen, die ihr Zuhause in den genannten Städten zwangsweise hatten verlassen müssen, über diese Worte noch zutiefst empört. Seit einem Vierteljahrhundert jedoch bilden sie ein Grundprinzip der Ostpolitik der Dritten Polnischen Republik.

Nach dem demokratischen Umbruch in Polen und dem Zerfall der Sowjetunion verlor das kommunistische Geschichtsbild seine Allgemeinverbindlichkeit, die polnisch-ukrainischen Beziehungen wurden allerdings weiter vernachlässigt. Warschau konzentrierte sich auf die Verbesserung der Beziehungen zu den westlichen Nachbarn.

Erst in der ersten Dekade des neuen Jahrtausends begannen Politiker und Intellektuelle sich intensiver mit den polnisch-ukrainischen Beziehungen auseinanderzusetzen. An den tragischen Ereignissen der gemeinsamen Geschichte führte kein Weg vorbei. Es gab Gedenkveranstaltungen und Erklärungen hochrangiger Politiker, man errichtete Mahnmale und Friedhöfe. Dieser polnisch-ukrainische Austausch symbolischer Gesten orientierte sich in hohem Maße am Prozess der deutsch-polnischen Versöhnung nach dem Zweiten Weltkrieg, erzielte jedoch keine vergleichbare Wirkung. Im deutsch-polnischen Versöhnungsprozess hatten einzelne Schritte nicht selten hitzige gesellschaftliche Debatten ausgelöst, angefangen mit der Gründungsakte der deutsch-polnischen Versöhnung, dem Brief der polnischen Bischöfe an ihre deutschen Amtsbrüder im Jahr 1965. Dieses Schreiben provozierte heftige Reaktionen – sowohl bei den kommunistischen Machthabern als auch in der polnischen Gesellschaft, die zwanzig Jahre nach Kriegsende noch nicht zur Versöhnung bereit war. Auf lange Sicht führten diese Kontroversen aber zu einer sich tiefgreifend wandelnden Erinnerungsarbeit, die den Beziehungen zwischen den beiden Nationen ein tragfähiges Fundament gab.

Die politischen Gesten, die nach dem Zusammenbruch des Kommunismus zwischen Warschau und Kiew ausgetauscht wurden, zeitigten keine derartigen Ergebnisse. Zum einen fehlten im polnisch-ukrainischen Versöhnungsprozess die mutigen

Wortmeldungen, die es am Rande des deutsch-polnischen gegeben hatte. Zum anderen empfand die polnische Gesellschaft damals bereits eine gewisse Ermüdung angesichts der von Politikern in aller Welt ritualhaft wiederholten feierlichen Deklarationen von Reue und Vergebung. Jacques Derrida spricht in diesem Kontext von einer Globalisierung des Vergebens, Paul Ricœur von einer Theatralisierung des Vergebens, die dazu führe, dass derartige Erklärungen von der Öffentlichkeit ungeachtet ihres tatsächlichen Gehalts und der politischen Intention als banal und inhaltslos wahrgenommen würden.

Ganz anders verhält es sich mit den beiden ukrainischen Revolutionen der vergangenen zehn Jahre. Die Proteste und die Ereignisse, die sie auslösten, schafften es in Polen auf alle Titelseiten und stießen auf ein ungeheures, durch und durch positives Interesse. Während der Orangen Revolution zum Jahreswechsel 2003/2004 erklärten die Polen, vor allem die Angehörigen der jüngeren Generation, scharenweise ihre Unterstützung für eine demokratische Ukraine. Die Massen auf dem Kiewer Maidan hingegen skandierten nicht nur den Namen ihres Präsidenten – »Juschtschenko, Juschtschenko!« –, sondern auch »Hoch lebe Polen!«.[7]

Im November 2013 machte sich die Geschichte daran, dem paradoxalen, dynamischen Prozess der polnisch-ukrainischen Versöhnung ein weiteres Kapitel hinzuzufügen. In der polnischen Debatte verortete man die jüngste ukrainische Geschichte zunehmend im Kontext des einst zwischen Dissidenten und kommunistischen Machthabern geführten Kampfes um Menschenrechte. Aus dieser Perspektive markierten die Ereignisse von Kiew einen weiteren Schritt in der Transformation vom real existierenden Sozialismus zur liberalen Demokratie.[8]

Ende September 2014 präsentierte die rechtskonservative Wochenzeitschrift *Do Rzeczy* auf der Titelseite ein Porträtfoto von Bronisław Wildstein, einst antikommunistischer Dissident, heute rechtskonservativer Journalist und bekannt für überaus dezidierte Ansichten. Auf seine Wangen waren die polnische und die ukrainische Flagge aufgemalt. Die Schlagzeile zu diesem Titelbild lautete: »Ich bin Pole, ich helfe der Ukraine.« *Do Rzeczy* ist bekannt für seine kontroversen Titelseiten, die meist klare Gegenpositionen zur linksliberalen *Gazeta Wyborcza* oder zur *Polityka* artikulieren. Dieses Titelbild schockierte aber niemanden. Viele polnische Journalisten und Intellektuelle, ganz gleich welcher politischen Couleur, hätten sich in derselben Weise fotografieren lassen können. Nichts an Wildsteins Geste provozierte oder rief Widerspruch hervor.

Die Krise in der Ukraine weckte in den Polen starke positive Gefühle für ihre östlichen Nachbarn. Das war ein kaum zu überschätzender Faktor, denn Gefühle sind in der Politik und in den internationalen Beziehungen von enormer Bedeutung. Zumal in der heutigen Zeit, da der revolutionäre Wandel der Kommunikation einen Effekt bewirkt, den Ulrich Beck »Globalisierung der Emotionen« nennt. Neuartig daran sei, so Beck, »der zugleich globale und lokale Wirrwarr der Konfliktknäuel«.[9] Politische Emotionen basieren auf den elementarsten menschlichen Empfindungen: Angst, Liebe (auch Eigenliebe), Besitzstreben. Diese sind ihrem Wesen nach immer verworren, in ihnen mischt sich Helles mit Dunklem. So können Judith Shklar zufolge Menschen aus Angst und Abscheu die schlimmsten Grausamkeiten begehen. Zugleich gebe es ohne diese beiden negativen Emotionen weder Moral noch Gemeinschaftsgefühl.[10] In diesem Sinne lassen sich in den polnischen Deklarationen von Solidarität und Brüderlichkeit gegenüber den Ukrainern sowohl helle als auch dunkle Elemente ausmachen.

Beginnen wir mit den hellen. Wochenlang wurden in polnischen Großstädten zentrale Gebäude – etwa der Palast der Kultur und Wissenschaften in Warschau – in den ukrainischen Nationalfarben angestrahlt. Auf diese Weise erinnerte man nicht nur an die gemeinsamen Demonstrationen in der Zeit der Orangen Revolution, sondern auch an die noch frischen Erfahrungen der von Polen und der Ukraine gemeinsam ausgerichteten Fußball-Europameisterschaft 2012. Durch die wichtigsten Straßen der Hauptstadt zogen Demonstrationen mit mehreren tausend Teilnehmern, die ihre Unterstützung für den Euromaidan bekundeten. Als die Situation in Kiew sich dramatisch zuspitzte, starteten Nichtregierungsorganisationen den Versand von Paketen mit Nahrungsmitteln, Medikamenten und warmer Kleidung, polnische Krankenhäuser versorgten unentgeltlich Dutzende Verletzte aus der Ukraine. Im Mai 2014 verpflichteten sich die polnischen Kandidaten für das EU-Parlament, sich als Abgeordnete in Brüssel für eine Gedenktafel für »die Menschen, die in der Ukraine für die Europäische Union starben« im Gebäude des EU-Parlaments einzusetzen.

Diese Stimmung spiegelte sich monatelang auch in der Presse. Ab der zweiten Novemberhälfte 2013 erschienen immer wieder die ukrainischen Nationalfarben und sogar das ukrainische Nationalwappen, der goldene Dreizack auf blauem Grund, auf den Titelseiten polnischer Tageszeitungen. Das Interview mit dem polnischen Präsidenten Bronisław Komorowski in der *Gazeta Wyborcza* vom 27. November 2013 ist ein gutes Bespiel für den hochtrabenden Stil, der den Ton der öffentlichen Debatte in Polen seit Beginn der Ukraine-Krise prägte. »Noch ist die Ukraine nicht verloren«, erklärt Komorowski dort auf Ukrainisch und in Anspielung auf den ersten Vers der polnischen Nationalhymne. Kyrillisch geschrieben, bildet der Satz zugleich den Titel des Interviews. Vom Stil her vergleichbare Äußerungen waren auch in anderen Publikationen zu finden, etwa im *Tygodnik Powszechny*, der am 8. Dezember 2013 etwa die europäischen Eliten an ihre Verantwortung für die Zukunft der Ukraine erinnerte,[11] oder in der *Polityka*, die am 4. Dezember 2013 prophezeite, Witali Klitschko werde die gesamte Maidan-Bewegung vereinen.[12]

Als im Januar 2014 die Ereignisse in Kiew immer bedrohlichere Ausmaße annahmen, fragte die *Rzeczpospolita*, ob die polnischen Woiwodschaften zur Aufnahme »ukrainischer Brüder« bereit seien.[13] Der Chefredakteur Bogusław Chrabota schrieb: »Ich bin froh, dass […] die polnischen Eliten nicht vor der Verantwortung zurückschrecken. Und ich glaube, dass wir in einer Situation, in der unsere Brüder zu Opfern einer Tragödie werden, als Polen angemessen reagieren werden.«[14] Chrabota rekurriert auf den historischen polnischen Ehrbegriff, der zum Freiheitskampf auch jenseits der eigenen Staatsgrenzen verpflichtete. Die politisch links beheimatete *Le Monde diplomatique* kritisierte zwar die polnische Ostpolitik als Versuch, die »neoliberalen« polnischen Verhältnisse auf die Ukraine zu übertragen, doch den Protest der Ukrainer bewertete sie als neuen Völkerfrühling, der gesellschaftliche Unterstützung verdiene.[15] Die Redakteure der *Kultura Liberalna* kritisierten die in ihren Augen mangelnde Sensibilität der Polen: »Die Polen sind inzwischen so reich, dass sie nicht mehr wissen, wo sie noch vor fünfundzwanzig Jahren gestanden haben. Die Erinnerung an unsere eigene Misere ist schon zu sehr verblasst, als dass wir mit den Ukrainern mitfühlen könnten, auch wenn es uns leichtfällt, in Brüssel zu verkünden, Polen werde seine europäischen Partner lehren, in Kategorien gegenseitiger Solidarität zu denken.«[16]

Unüberhörbar war in manchen Stellungnahmen aber auch der belehrende Ton des »großen Bruders«, der nach 1989 eindrucksvolle Erfolge erzielt hatte. Mitunter gab es sogar verächtliche Äußerungen: »Langsam macht sich die Dominanz der UPA-Symbolik auf dem Kiewer Maidan bemerkbar. […] Ich kenne die Ukraine. Ein schönes Land. Sie zeigte sich mir als schöne, goldlockige Jungfrau, die Liebe unserer Romantiker. Wäre nicht dieser Regen. Er kam plötzlich und wusch die Schminke ab. Und jetzt ist die Jungfrau nicht mehr ganz so schön.«[17]

Die polnische Solidarität mit dem Euromaidan schien bisweilen durchsetzt von dunklen Emotionen – vor allem der Furcht vor Russland. Zum Jahreswechsel 2013/2014 standen die Aufrufe zur Brüderlichkeit mit der Ukraine im – mehr oder weniger bewussten – Gegensatz zur verhassten sowjetischen »Bruderhilfe«. Mit jeder Woche, die der Konflikt andauerte, wurde das Vokabular kriegerischer und moskaukritischer. Im November konnte man lesen, Russland habe »den beginnenden Gipfel in Vilnius gesprengt«,[18] man müsse »Die Ukraine befreien« (natürlich aus russischer Hand).[19] Zudem erschienen seit Beginn der Krise ausführliche Artikel über die dramatische Geschichte Polens und der Ukraine unter sowjetischer Besatzung.[20]

Nach einigen Monaten beruhigten sich die Gemüter, und man fing an, sich etwas differenzierter mit der unterschiedlichen gesellschaftlichen und politischen Situation des Nachbarn, dem Wirtschaftsaustausch zwischen Polen und der Ukraine oder den messbaren Kosten des polnischen Engagements im Osten zu befassen. Erwähnenswert ist die Diskussion über die Präsenz des sogenannten Rechten Sektors auf dem Maidan, die in allen politischen Lagern Ängste weckte. Im rechtskonservativen Wochenmagazin *Do Rzeczy* wurde darüber diskutiert, ob Polen der Ukraine helfen solle. Ein Teil der Autoren warf den Ukrainern vor, der Protest auf dem Maidan sei in Wirklichkeit der Deckmantel für einen rechtsextremen, polenfeindlichen Umsturz. Auch *Polityka* warnte vor einem Rechtsrutsch, man schrieb über die »wütende, wie eine Armee organisierte Menge« und die »Radikalen, die durch die Gewalt gestärkt werden«. Und auch die linke, dem Euromaidan ansonsten überaus freundlich gesinnte *Le Monde diplomatique* befasste sich ausführlich mit der ukrainischen Rechten.[21]

Im Jahr 2009 wurde auf dem Michaelplatz in Kiew das Logo und Motto der Fußball-EM 2012 präsentiert: *Gemeinsam Geschichte schreiben.* Schon zwei Jahre später wurden diese Worte auf eine Probe gestellt, die noch längst nicht abgeschlossen ist.

Die positive Haltung der Polen gegenüber den Ukrainern wirkte oft oberflächlich. Die journalistischen und intellektuellen

Eliten beschränkten sich monatelang weitgehend darauf, möglichst viele Informationen über die Ereignisse in der Ukraine zu übermitteln und eine möglichst ukrainefreundliche Stimmung zu schaffen. Meinungsumfragen zeigten jedoch ein anderes Bild. In einer Befragung des Instytut Spraw Publicznych (Institut für öffentliche Angelegenheiten) zur Beliebtheit der Nachbarvölker belegte die Ukraine im Dezembar 2013 den letzten Platz. Nur ein Viertel der Befragten bekundete Sympathien für die Ukrainer (zum Vergleich: Die Tschechen waren 60 Prozent der Umfrageteilnehmer sympathisch). Andererseits zeigen aktuelle Umfragen des Centrum Badania Opinii Społecznej (Zentrum für Meinungsforschung), dass sich die Bewertung der polnisch-ukrainischen Beziehungen in den zwölf Monaten von Juni 2013 bis Juni 2014 deutlich verbessert hat. Im Jahr 2014 hielten 37 Prozent der Befragten die Beziehungen für gut bis sehr gut, ein Jahr zuvor waren lediglich 21 Prozent dieser Auffassung gewesen. Weder gut noch schlecht waren sie 2014 in den Augen von 42 Prozent (2013: 46 Prozent), schlecht bis sehr schlecht für 12 Prozent (2013: 15 Prozent), schwer zu sagen 9 Prozent (2013: 18 Prozent).

Die Diskrepanz zwischen veröffentlichter und öffentlicher Meinung mag daher rühren, dass die polnische Haltung zur Ukraine nicht auf einer grundlegenden und langfristig angelegten gemeinsamen Arbeit an der kollektiven Erinnerung etwa im Rahmen von Jugendbegegnungen oder gemeinsamen Initiativen von Nichtregierungsorganisationen gründet. Mit Paul Ricœur könnte man von einer »Versöhnung incognito« sprechen. Ricœur bezieht dies auf Situationen, in denen Begriffe wie »Vergebung« oder »Brüderlichkeit« zu groß oder zu kompliziert seien. In solchen Fällen sei womöglich *Normalität* schon genug. Wenn etwa ein jüdischer Israeli und ein Palästinenser normal über eine Ware sprechen könnten, die der eine dem anderen verkaufe, sei das bereits ein großer Erfolg. Normalität sei das *incognito* der Versöhnung. Was aber, wenn die

»Versöhnung incognito« zwischen Polen und Ukrainern nicht durch alltägliche Normalität, sondern durch die gemeinsame Abneigung gegen Russland erreicht würde? Wäre das nicht ein allzu brüchiges Fundament?

Was man aber auch nicht vergessen darf: Die Art und Weise, wie in Polen von Beginn der Maidanproteste an über die ukrainische Krise gesprochen und geschrieben wurde, offenbart einen Aspekt unseres Denkens über den eigenen Staat, den wir in den meist kritischen Debatten über den Zustand unseres Landes oft vernachlässigen. Die Krise in der Ukraine bestätigt die Erzählung vom Gelingen des friedlichen Wandels in Polen. Paradoxerweise hilft sie uns, das Ausmaß der positiven Veränderungen der letzten fünfundzwanzig Jahre besser zu begreifen. Das könnte auch der Grund sein, weshalb die Debatte der vergangenen zwölf Monate bei allen Ambivalenzen von dem Wunsch getragen ist, die Ukraine möge zu einem Konsens im Geiste von Freiheit, Solidarität und Demokratie finden. Dem Konsens, der den Erfolg der Dritten Polnischen Republik überhaupt erst möglich machte.

Aus dem Polnischen von Bernhard Hartmann.

Anmerkungen

1 Jerzy Giedroyc, *Emigracja ukraińska. Listy 1950–1982* [Die ukrainische Emigration. Briefe 1950–1982], Warschau 2004, S. 100.
2 Vgl. Henryk Sienkiewicz, *Ogniem i mieczem* [Mit Feuer und Schwert], 1884; Zofia Kossak-Szczucka, *Pożoga* [Flächenbrand], 1922; Włodzimierz Odojewski, *Zasypie wszystko, zawieje …* [*Katharina oder Alles verwehen wird der Schnee*] 1972, dt. 1977.
3 Als »prometheisch« bezeichnete man Aktivitäten zur Stärkung des Unabhängigkeitsstrebens einzelner Völker innerhalb der Sowjetunion. Vgl. Andrzej Grzywacz und Grzegorz Mazur, Ruch prometejski w Polsce [Die prometheische Bewegung in Polen], *Zeszyty Historyczne* 110 (1994), S. 74–85.
4 Juliusz Mieroszewski, *Listy z wyspy.* ABC *polityki »Kultury«* [Briefe

von der Insel. Das politische ABC der »Kultura«], Paris / Krakau 2012, S. 393.

5 Vgl. etwa *Polska – Ukraina: Trudne pytania* [Polen – Ukraine: Schwierige Fragen], Warschau 2006. Vgl. auch: Timothy Snyder, Wołyń, rok 1943 [Wolhynien 1943], *Tygodnik Powszechny* 19 (2003), online zugänglich unter: http://tygodnik.onet.pl/historia/wolyn-rok-1943/96c79; Władysław Siemaszko und Ewa Siemaszko, *Ludobójstwo dokonane przez nacjonalistów ukraińskich na ludności polskiej Wołynia* [Der Massenmord ukrainischer Nationalisten an der polnischen Bevölkerung Wolhyniens], 2 Bde., Warschau 2000.

6 Mieroszewski, *Listy z wyspy. ABC polityki »Kultury«* [Briefe von der Insel. Das politische ABC der »Kultura«], S. 396.

7 Vgl. Stanisław Stępień, *Pomarańczowa rewolucja. Kalendarium i dokumenty wyborów prezydenckich na Ukrainie w 2004* [Die Orange Revolution. Kalendarium und Dokumente zu den Präsidentschaftswahlen in der Ukraine 2004], Przemyśl 2006; *»Pomarańczowa rewolucja« – szansa dla ukraińskiej transformacji politycznej* [Die »Orange Revolution« – eine Chance für die politische Transformation in der Ukraine], hg. von Andrzej Furier, Stettin 2006. – In der polnischen Debatte wird in geringerem Maße als in Deutschland zwischen West- und Ostukraine differenziert. Auch in Polen gab es entsprechende Wortmeldungen, insbesondere in den Jahren 2003 / 2004, als man nach Erklärungen für die Unterschiede zwischen dem Osten und dem Westen des Landes suchte. Zehn Jahre später betrachtete man in Polen die Ukraine jedoch weitgehend als einheitliches staatliches und kulturelles Ganzes.

8 Für den vorliegenden Text wurden ausgewählte Publikationen aus der Zeit vom 1. November 2013 bis zum 30. September 2014 ausgewertet: die rechtskonservativen Wochenzeitschriften *Do Rzeczy* und *W Sieci*, die der Mitte zuzuordnende Tageszeitung *Rzeczpospolita*, die katholische Wochenzeitschrift *Tygodnik Powszechny*, die politisch in der Mitte angesiedelte Online-Wochenzeitschrift *Kultura Liberalna*, die liberale Wochenzeitschrift *Polityka*, die linksliberale Tageszeitung *Gazeta Wyborcza* und den polnischen Ableger der linksorientierten *Le Monde diplomatique*.

9 Ulrich Beck, Globalisierte Emotionen. Der neue europäische Antisemitismus, *Süddeutsche Zeitung*, 17. November 2003.

10 Judith N. Shklar, *Ordinary Vices*, Cambridge 1984, S. 192 ff.

11 Małgorzata Nocuń und Andrzej Brzeziecki, Europejski sen [Der europäische Traum], *Tygodnik Powszechny*, 8. Dezember 2013.
12 Jagienka Wilczak, Droga do Europy [Der Weg nach Europa], *Polityka*, 4. Dezember 2013.
13 Vgl. etwa Janina Blikowska, Wójtowie są gotowi przyjąć »braci Ukraińców'« [Die Bürgermeister sind bereit zur Aufnahme »ukrainischer Brüder«], *Rzeczpospolita*, 23. Januar 2014.
14 Bogusław Chrabota, Odpowiedzialni za Ukrainę [Verantwortlich für die Ukraine], *Rzeczpospolita*, 22. Januar 2014.
15 Zbigniew Marcin Kowalewski, Między wojną o historię a wyprawami kijowskimi [Zwischen dem Krieg um die Geschichte und den Kiewer Eroberungen], *Le Monde diplomatique*, Januar 2014, online zugänglich unter: http://monde-diplomatique.pl/LMD95/index.php?id=1_3; ders., Ukraina: Wiosna Ludów w Europie [Ukraine: Völkerfrühling in der Ukraine], *Le Monde diplomatique*, März 2014, online zugänglich unter: http://monde-diplomatique.pl/LMD97/index.php?id=1_3.
16 Karolina Wigura, Kacper Szulecki, Łukasz Jasina, Syci Polacy patrzą na Ukrainę [Die satten Polen blicken auf die Ukraine], *Kultura Liberalna*, Februar 2014, online zugänglich unter: http://kulturaliberalna.pl/2014/02/25/syci-polacy-patrza-ukraine/.
17 Robert Stanisław Terientiew, Spłukany makijaż Ukrainy [Das abgewaschene Make-up der Ukraine], *Rzeczpospolita*, 3. Februar 2014.
18 Anna Słojewska, Wileński szczyt z Rosją w tle [Gipfel in Vilnius mit Russland im Hintergrund], *Rzeczpospolita*, 28. November 2013.
19 So die hervorgehobene Titelschlagzeile des Leitartikels der *Gazeta Wyborcza*, 26. November 2013.
20 Vgl. etwa die Wochenendbeilage »Plus Minus« der *Rzeczpospolita*, 21. November 2013.
21 Vgl. etwa Waldemar Łysiak, Muzyczka Majdanu [Die Musik des Maidan], *Do Rzeczy*, 15. September 2014; Jagienka Wilczak, Wolny Majdan [Freier Maidan], *Polityka*, 29. Januar 2014; Zbigniew Marcin Kowalewski, Ukraina: Wiosna Ludów w Europie [Der politische Frühling hat Europa erreicht], *Le Monde diplomatique*, März 2014.

WILFRIED JILGE

Stepan Bandera – Zum historischen und politischen Hintergrund einer Symbolfigur

Eine der zentralen Thesen der russischen Geschichtspropaganda in der Ukraine-Krise lautet, die *banderowzy*, d.h. russophobe Radikalnationalisten, Antisemiten oder »radikal neonazistische Gruppen« wie der Rechte Sektor und die radikalnationalistische Partei Swoboda, seien die entscheidenden Kräfte hinter den Protesten auf dem Maidan gewesen; sie hätten in einem faschistischen Putsch am 21./22. Februar 2014 den Machtwechsel in Kiew herbeigeführt. Als Faktor der Selbstverteidigung des Maidan spielte der Rechte Sektor während der gewaltsamen Endphase der Maidan-Proteste in der Tat eine Rolle, und die Swoboda war als kleinste Partei im Bündnis der parlamentarischen Opposition vertreten. Sie haben jedoch die Agenda der Proteste nie dominiert und sind bei den Präsidenten- und Parlamentswahlen chancenlos geblieben. Die Wirkung des Stereotyps von den *banderowzy* in der russischen Öffentlichkeit verdankt sich der Präsenz des sowjetischen Mythos vom »Großen Vaterländischen Krieg« in der Geschichtspolitik und Erinnerungskultur des heutigen Russland. Er bildet eines der zentralen Elemente des vom russischen Präsidenten Putin propagierten Patriotismus. In dem propagandistisch genutzten sowjetischen Kriegsgeschichtsbild zählten die *banderowzy* zu den Hauptfeinden des sowjetischen Staates.

Der ukrainische Politiker Stepan Bandera stand an der Spitze der 1940 gespaltenen Organisation Ukrainischer Nationalisten (OUN), die während des Zweiten Weltkriegs Widerstand gegen die sowjetische Besetzung der Westukraine leistete und in verschiedenen Perioden mit dem nationalsozialistischen Deutschland zusammenarbeitete. In der sowjetischen Geschichtsauffassung werden Bandera und die OUN vor allem mit Verbrechen und Terror gegen die friedliche sowjetische Bevölkerung assoziiert und als reine Marionetten der Deutschen präsentiert. Auf dieser Grundlage stellen staatlich gelenkte russische Medien eine Analogie zwischen dem Einmarsch der deutschen Wehrmacht im Sommer 1941 und den Protesten auf dem Kiewer Maidan her: Die »neuen *banderowzy*« in Kiew sind aus dieser Sicht Kollaborateure der USA und der Europäischen Union, die sich gegen russischsprachige Menschen und überhaupt gegen alles Russische wenden.

Das Stereotyp von den *banderowzy* erfüllt aber noch eine viel wichtigere Funktion: Es soll die eigenständige ukrainische Nation und die von ihr in freier Selbstbestimmung angestrebte europäische Integration diskreditieren. Zu diesem Zweck wird in den populärwissenschaftlichen Monographien, die in Russland 2014 zum Thema Bandera und russisch-ukrainische Beziehungen erschienen sind, auf eine leicht modifizierte Deutung des Vertrags von Perejaslaw aus dem Jahr 1654 zurückgegriffen.

1648 hatte der Aufstand der ukrainischen Kosaken gegen die polnische Adelsherrschaft begonnen. Ihr bedrängter Anführer, der Hetman Bohdan Chmelnyzkyj (ca. 1595–1657), wandte sich schließlich mit einem Hilfsgesuch an den Zaren, um die Autonomie der von ihm seit 1648/1649 etablierten kosakischen Staatlichkeit zu sichern. 1654 sprach sich eine Versammlung der Kosaken in Perejaslaw für die Unterordnung unter den Zaren aus und schwor ihm den Treueeid. Die Deutung des Vertrags von Perejaslaw ist bis heute umstritten. Manche ukrainische Historiker betonen, dass es sich dabei um ein kündbares Militärbündnis zweier Staaten auf der Basis von Gleichberechtigung gehandelt habe. Russische Historiker hingegen verstehen den Vertrag meist als Eingliederung der Ukraine ins Moskauer Reich. Während im nationalukrainischen Geschichtsbild die Ära von Chmelnyzkyjs Kosakenstaatlichkeit als »goldenes Zeitalter« und Ausdruck ukrainischer Eigenständigkeit gilt, ist Perejaslaw für die hier relevante sowjetische Historiographie das Symbol der »Wiedervereinigung der Ukraine mit Russland«, die dann im »Großen Vaterländischen Krieg« endgültig gefestigt worden sei. Im Rahmen der aufwendig inszenierten, monatelangen Staatsfeiern zum 300. Jahrestag des Vertrags wurde 1954 die Halbinsel Krim in die Ukrainische Sowjetrepublik eingegliedert. Perejaslaw wurde als Sinnbild der unverbrüchlichen Freundschaft von Ukrainern und Russen zelebriert und als Zeichen der wiedererlangten Einheit der ostslawischen Brudervölker (Russen, Ukrainer, Weißrussen) nach dem Zerfall der Kiewer Rus, dem Ende des vermeintlich einheitlichen »altrussischen Volkstums«.

Zementierte der Mythos von Perejaslaw vor 1991 die Zugehörigkeit der Ukrainer zur Sowjetunion an der Seite des »großen russischen Bruders«, so dient die Argumentation in der russischen Geschichtspolitik heute der Vorstellung von Russen und Ukrainern als »Brüdern in Blut und Glaube« und der Legitimation einer »natürlichen« Integration in die von Russland geführte »Russische Welt« *(russkij mir)*. In diesem Sinne wird in einem jüngst erschienenen russischen Buch zu Stepan Bandera konstatiert, dass es »zwei Ukrainen« gebe: Eine »echte Ukraine, die Ukraine des Rates von Perejaslaw [...] und der slawischen Bruderschaft, die einig mit Russland« sei, sowie eine »prowestliche, russophobe Ukraine«, »mit der wir in der Vergangenheit nicht nur einmal kämpfen mussten«. Und wenn sich, so der Autor weiter, »die *banderowzy* an der Macht halten, ist es nicht ausgeschlossen, dass man in Zukunft wieder kämpfen muss«.[1]

Tatsächlich waren die OUN und ihr von Stepan Bandera angeführter Flügel in Verbrechen verstrickt. Reine Marionetten der Deutschen waren sie aber keineswegs: Ihr oberstes Ziel war stets die Errichtung eines ukrainischen Staates, was deutschen Zielen letztlich zuwiderlief. Dass die ultranationalistische Ideologie der OUN nicht von vornherein pauschal mit dem deutschen Nationalsozialismus gleichgesetzt werden kann, zeigt ein Blick in ihre Geschichte.

Die im Jahr 1929 in Wien vollzogene Gründung der OUN war auch ein Versuch der ukrainischen Vertreter eines »neuen Nationalismus«, die richtigen Konsequenzen aus den gescheiterten ukrainischen Staatsbildungsversuchen der Jahre 1917 bis 1921 zu ziehen. Zu diesen »neuen Nationalisten« zählte auch der aus der Ostukraine stammende Dmytro Donzow (1883–1973), der – ohne formal Mitglied der Organisation zu sein – in den 1920er Jahren zum wichtigsten Ideologen und Vordenker des radikalen »integralen Nationalismus« der OUN wurde. Donzow und seine Gefolgsleute kamen zu dem Schluss, dass die Ukrainer noch keine Nation, sondern eine »amorphe Masse« darstellten, die zur Ausübung von Herrschaft noch nicht befähigt sei. Ziel war es daher nicht, eine Nation zu befreien, sondern überhaupt erst zu schaffen. Im Sinne des Voluntarismus Donzows musste die Nationsbildung durch den Willen und die »männlich-heroische« Tat einer nationalistischen Elite vollzogen werden. Damit wendete sich Donzow gegen den »schwächlichen Liberalismus« und legte die Grundlagen für die antidemokratische, antiparlamentarische und autoritäre Ideologie der OUN und ihre streng nach dem Führerprinzip gegliederte hierarchische Struktur. Die OUN lehnte das Parteienwesen ab und verstand sich als überparteiliche Bewegung, in der sich die unterschiedlichen politischen Kräfte der Ukrainer sammeln sollten. Letzteres scheiterte aber am absoluten Machtanspruch der OUN: So wollte sich keine der legalistischen Parteien der Ukrainer in Polen (wo außerhalb der Sowjetukraine die meisten Ukrainer lebten) der Führung der OUN unterordnen.[2]

Der »integrale Nationalismus« der OUN lehnte sich zunächst eng an den italienischen Faschismus an. Ihr wichtigstes politisches Ziel war die Errichtung eines autoritär verfassten und berufsständisch gegliederten ukrainischen Staates. Dem Ziel der Staatlichkeit wurden alle anderen Ziele untergeordnet. Die Mitglieder der OUN verstanden sich als Avantgarde, deren Kader auf der Basis eines eigenen Staates die Ukrainer zur

Nation heranbilden sollten. Dabei sahen die Protagonisten der OUN im Krieg den einzigen Weg zur Befreiung und staatlichen Eigenständigkeit. Eine friedliche Erfüllung des ukrainischen Selbständigkeitsstrebens innerhalb der in der Zwischenkriegszeit in Europa herrschenden Machtkonstellation und Friedensordnung war nicht vorstellbar.

Die wichtigsten Grundsätze des »integralen Nationalismus« wurden in den »Zehn Geboten des ukrainischen Nationalisten«, dem sogenannten Dekalog, zusammengefasst. Radikaler nationaler Egoismus und Rücksichtslosigkeit gegenüber den Feinden der ukrainischen Nation und ihres künftigen Staates bildeten die Grundlage. Der Dekalog forderte von jedem ukrainischen Nationalisten unbedingte Opferbereitschaft. Dies schloss den gewaltsamen Kampf ein, ohne den aus OUN-Sicht ein ukrainischer Staat nicht zu erringen sei. So ließen sich individueller Terror und Verbrechen moralisch rechtfertigen, wenn diese dem Interesse der ukrainischen Nation dienten.

In den südöstlichen, von Ukrainern bewohnten Gebieten Polens baute die OUN in den 1930er Jahren eine starke und disziplinierte Untergrundorganisation auf. Seit 1930 kämpfte sie mit Terror- und Sabotageakten gegen die polnische Herrschaft. Den Attentaten fiel auch Tadeusz Hołówko zum Opfer, einer der wenigen polnischen Politiker, die sich für die Rechte der ukrainischen Minderheit einsetzten.[3] Der Terror der OUN wendete sich in erster Linie, aber nicht ausschließlich gegen den polnischen Staat und seine Repräsentanten. Er traf beispielsweise auch gemäßigte Ukrainer, (ukrainische) Kommunisten und einen Repräsentanten sowjetischer Einrichtungen in Polen. Der polnische Staat reagierte u.a. mit einer brutalen »Pazifizierung« ukrainischer Dörfer. Die politische Entwicklung der Ukrainer in Polen muss auch im Lichte der Minderheitenpolitik des polnischen Staates gesehen werden: Er betrieb, wenn auch in den verschiedenen Phasen nicht immer mit gleicher Intensität, eine Politik der Polonisierung gegenüber den Ukrainern, die eine Hinwendung zur OUN begünstigte, insbesondere in den Reihen der unzufriedenen westukrainischen Jugend.

Der Terror der OUN in den 1930er Jahren schloss Aktionen gegen Juden ein (z. B. das Niederbrennen jüdischer Geschäfte), bei denen auch physische Gewalt angewendet wurde. Der Antisemitismus der OUN in dieser Zeit zeigte sich vorwiegend noch ökonomisch, weniger rassistisch motiviert. In ihrer Sicht dominierten Juden den städtischen Handel und blockierten so die Ausbildung eines ukrainischen Mittelstandes und damit eine vollständige Nationsbildung der Ukrainer. Das antisemitische Stereotyp von »den Juden als Erfüllungsgehilfen der Russen« – oder der Sowjets – war bei Donzow bereits Mitte der 1920er Jahre angelegt, rückte aber noch nicht in den Vordergrund.

Ihre intensivste politische Aktivität in Polen entfaltete die OUN, als Stepan Bandera Führer ihrer Landesexekutive in den westukrainischen Gebieten wurde. Der 1909 in dem ostgalizischen Dorf Staryj Uhryniw (heute Gebiet Iwano-Frankiwsk) geborene Stepan Bandera wuchs als Sohn eines griechisch-katholischen Pfarrers auf und entstammte der ländlichen ukrainischen Intelligenz. 1929 trat er der OUN bei und stieg im Juni 1932 bereits zum stellvertretenden Landesführer und Referenten für Propaganda auf. Als Landesführer (inoffiziell schon Ende 1932, offiziell seit Juni 1933) trug Bandera Verantwortung für die Attentate der OUN, und unter seiner Führung nahm der Terror nochmals zu. Bandera befürwortete den individuellen Terror als Teil einer »permanenten Revolution«, die die Ukrainer auf eine später zu entfachende »nationale Revolution« vorbereiten sollte. Sie würde schließlich zur Errichtung eines ukrainischen Staates führen. Unter Banderas Verantwortung als Landesführer verübte die OUN ihr spektakulärstes Attentat: die Ermordung des polnischen Innenministers Bronisław Pieracki am 15. Juni 1934 in Warschau.

Zusammen mit anderen Mitgliedern der OUN wurde Bandera in zwei Prozessen in Warschau und Lemberg 1935 und 1936 vor Gericht gestellt. Er wurde zum Tode verurteilt, das Urteil wurde jedoch später in eine lebenslängliche Haftstrafe umgewandelt. Sein Auftritt verwandelte bereits den ersten Gerichtsprozess in Warschau, der auf ein großes Medieninteresse stieß, in einen Propagandaerfolg der OUN. Fragen des Richters beantwortete Bandera nicht auf Polnisch, sondern auf Ukrainisch, was unzulässig war. Als er deswegen aus dem Gerichtssaal geführt wurde, leistete er Widerstand und rief Anschuldigungen an die Adresse des polnischen Staates aus.[4] Durch die Gerichtsprozesse wurde Bandera eine der bekanntesten Persönlichkeiten in der Westukraine. Die im Prozess demonstrierte Unbeugsamkeit und ideologische Beharrlichkeit machten ihn zum »Symbol des aufrechten ukrainischen Nationalisten, der die Parole ›den ukrainischen Staat erringen oder sterben‹ personifizierte«.[5] Sowohl die Prozesse 1935/1936 als auch Banderas Ermordung durch einen sowjetischen Agenten am 15. Oktober 1959 in München bilden wichtige Ausgangspunkte für die Verklärung dieses Politikers zum Sinnbild einer unbezwingbaren Opfernation. Vor allem bei der westukrainischen Jugend war er populär.

Die OUN war nicht in der Lage, aus eigener Kraft einen ukrainischen Staat zu errichten. Der Frage, mit welchem Bündnispartner dieses Ziel erreicht werden könnte, kam daher besondere Bedeutung zu. Bereits in den 1920er Jahren lieferte Dmytro Donzow mit seiner Denkfigur der »Amoralität« ein Argument, das die Weichen früh in Richtung Deutschland stellte. Im Sinne seiner Russenfeindschaft forderte er, dass die Ukrainer mit jedem Gegner Russlands ohne Rücksicht auf dessen politische Ziele zusammenarbeiten könnten. Daraus leitete die OUN schon früh eine entsprechende Präferenz ab, wobei weniger ideologische Verwandtschaft als gemeinsame Interessen den Ausschlag gaben. Als Bündnispartner, von dem eine Änderung des Status quo in Europa ausgehen konnte, kam nach 1933 insbesondere das bis auf taktische Ausnahmen grundsätzlich antipolnisch und antisowjetisch ausgerichtete nationalsozialistische Deutsche Reich in Frage. Schon weil Polen neben der Sowjetunion zunächst der Hauptfeind der OUN war, unterhielt die Organisation jedoch auch Kontakte zu Staaten, deren Verhältnis zu Polen angespannt war, wie z. B. zu Litauen und zur Tschechoslowakei.

Affinitäten zwischen der Ideologie der OUN und dem Nationalsozialismus, die später vor allem hinsichtlich Antibolschewismus und Antisemitismus in den Vordergrund rückten, haben die Zusammenarbeit erleichtert. Ende der 1930er Jahre fand ein rassistisch argumentierender, die Assimilation der Juden ausschließender Antisemitismus Eingang in den ideologischen Diskurs der OUN, und 1940/1941 rückte der Antisemitismus in Form des Stereotyps vom »jüdischen Bolschewismus« (auch »Judenkommune«) ins Zentrum von Ideologie und Politik der OUN.

Was das Verhältnis der OUN zu den Deutschen angeht, so konzentriere ich mich auf einen Höhepunkt der komplexen Kollaborationsgeschichte: die Zusammenarbeit des von Bandera geführten Flügels der OUN mit NS-Deutschland 1940/1941.

Nach der Ermordung ihres Führers Jewhen Konowalez durch den sowjetischen Agenten Sudoplatow im Mai 1938 kam es innerhalb der OUN zu Konflikten und im Jahre 1940 zur Spaltung der Organisation. Der eine, von Oberst Andrij Melnyk geführte Flügel (OUN-M) repräsentierte eher die ältere Generation der OUN, die Emigranten; der andere Flügel (OUN-B) hatte seine Basis in der Westukraine und im »Generalgouvernement« und wurde von Stepan Bandera geführt. Im Hinblick auf die Ideologie existierten keine nennenswerten Unterschiede. Beide Flügel arbeiteten mit den Deutschen zusammen. Die OUN-M kooperierte u. a. mit den deutschen Polizeikräften; die OUN-B primär mit der deutschen Wehrmacht, vor allem ihrem Nachrichtendienst, der »Abwehr«. Die gegenüber den Deutschen vorsichtiger agierende OUN-M war eher bereit, auf dem Weg zur Staatlichkeit nationale Rückschläge hinzunehmen und sich zunächst auf den Aufbau vorstaatlich-lokaler Strukturen zu beschränken. Die betont aktivistische Bandera-OUN setzte stärker auf eigene Initiative: Direkt nach der Befreiung der ukrainischen Gebiete wollte sie – zeitgleich mit der bewaffneten Erhebung der Ukrainer – den Staat ausrufen, eine Regierung bilden und mit dem Aufbau staatlicher Strukturen beginnen. In den Augen Banderas sollten die Ukrainer durch eine solche »nationale Revolution« unter Führung der OUN-B gegenüber den Deutschen ihren Anspruch legitimieren, auf ukrainischem Gebiet die Geschicke selbst zu bestimmen. Diese Vorstellungen sind unter dem Titel *Kampf und Tätigkeit der OUN während des Krieges* vom Mai 1941 dokumentiert.[6] Die Schrift, die Bandera zusammen mit den von ihm in die OUN-B-Führung berufenen Kader verfasste – u. a. seinem Stellvertreter Jaroslaw Stezko (1912–1986) und dem Leiter des militärischen Stabes der OUN-B und späteren UPA-Oberkommandierenden Roman Schuchewytsch (1907–1950) –, enthält ausführliche Instruktionen für den erwarteten deutschen Angriff auf die Sowjetunion.

Die Anweisungen der OUN-B definierten die Feinde, von denen das befreite ukrainische Territorium »gesäubert« werden sollte. Im Falle des Krieges sollten die regimetreue Intelligenz, die Aktivisten und Funktionäre der feindlichen Nationalitäten, d. h. der »Moskowiter« sowie Polen und Juden, liquidiert und durch Mitglieder der ukrainischen Elite ersetzt werden. Diese Anweisungen sind stets im Lichte des angestrebten Ziels eines ethnisch homogenen Territoriums und der hohen Gewaltbereitschaft der OUN-B zu sehen. Als Hauptfeind rückte der »moskowitische Bolschewismus« in den Vordergrund, mit dem das Stereotyp von den Juden als Stützen der bolschewistischen Herrschaft (»Judenkommune«) verknüpft wurde. Zwischen Juden als sowjetischen Funktionsträgern und anderen Juden wird in dem Dokument nicht unterschieden; vielmehr dominiert eine generalisierende Tendenz, die Juden als nationales Kollektiv zum Feind zu erklären. Als Feinde wurden auch Ukrainer betrachtet, die mit dem sowjetischen Regime verbunden waren.

NS-Deutschland war der Bündnispartner der OUN-B, mit dessen Hilfe die Sowjetunion niedergeworfen werden sollte. An dieser Bündnispolitik änderte auch die Tatsache nichts, dass die deutsche Seite in den vorangegangenen Jahren ukrainische Hoffnungen auf einen eigenen Staat – das oberste Ziel der OUN – stets enttäuscht hatte. Auch die brutale antijüdische und antipolnische Vernichtungspolitik der Deutschen in Polen, die der OUN bekannt war, tat der Loyalität keinen Abbruch. Das in den Instruktionen formulierte mörderische Programm illustriert vielmehr eine deutliche Radikalisierung und Anpassung der OUN an die Politik NS-Deutschlands. Vertreter der mit der OUN-B kooperierenden Wehrmacht haben einer gewissen Autonomie der Ukrainer wohl ambivalent gegenübergestanden; aus der Sicht Hitlers jedoch kam der Ukraine nicht die von der OUN-B gewünschte Rolle eines gleichberechtigten Bündnispartners zu; sie sollte eine Kolonie werden; ein ukrainischer Staat stand nicht zur Diskussion.

Im Rahmen der militärischen Kooperation mit der OUN-B stellte die Abwehr der Wehrmacht Bataillone mit ukrainischem Personal auf. Unmittelbar nachdem diese (die Bataillone Nachtigall und Roland) in die Ukraine einmarschiert waren, proklamierte die OUN-B am 30. Juni 1941 in Lemberg einen souveränen ukrainischen Staat. Bandera selbst war nicht anwesend; laut Rossoliński-Liebe wurde er von den Deutschen im »Generalgouvernement« kurz vor der Proklamation festgesetzt. Sie untersagten ihm, nach Lemberg zu kommen. Regierungschef wurde Banderas Stellvertreter Jaroslaw Stezko. Die Staatsgründung scheiterte. Die deutsche Besatzungsmacht entschied sich kurz nach der Proklamation, die Beteiligten zu inhaftieren. Bandera und Stezko wurden am 5. und 9. Juli 1941 festgenommen und nach Berlin gebracht, unter der Auflage, die Stadt nicht zu verlassen. Beide weigerten sich, den Staatsgründungsakt zurückzunehmen; doch unterbreiteten sie bzw. die OUN-B der deutschen Seite bis Mitte August Angebote zur

Fortsetzung der Kollaboration. Die *banderowzy* versuchten vergeblich, die Deutschen davon zu überzeugen, am ukrainischen Bündnispartner und dem ukrainischen Staat festzuhalten, der sich, wie sie versicherten, einer von NS-Deutschland geführten europäischen Ordnung anschließen würde.

Trotz des Scheiterns der Staatsgründung gelang es der OUN-B, mit der Proklamation vom 30. Juni 1941 einen beträchtlichen Teil der westukrainischen Bevölkerung zu mobilisieren, ihre Bewegung als führende ukrainische Kraft zu präsentieren und ihren absoluten Machtanspruch im ukrainischen Lager durchzusetzen. In den seit 1994 erscheinenden staatlichen Geschichtsbüchern wird jener »Akt der Erneuerung des ukrainischen Staates« 1941 mit wenigen Ausnahmen als »Erneuerung ukrainischer Staatlichkeit« positiv gewürdigt. Die von der OUN-B vorgesehene Form des ukrainischen Staates, nämlich eine totalitäre Diktatur unter ihrer Führung, wird im staatsfixierten Schulgeschichtsbild freilich nicht erwähnt. Dasselbe gilt für die Tatsache, dass das Staatsprojekt Banderas vor allem für eine Integration einer autonomen Ukraine in Hitlers Europa stand und damit dem faschistischen Satellitenstaat der kroatischen Ustascha weit näher kam als einer wirklichen Unabhängigkeit.

Obwohl die Deutschen die Hoffnungen der Ukrainer auf einen eigenen Staat enttäuschten, setzte die OUN-B die Zusammenarbeit mit den deutschen Besatzern im Juli 1941 zunächst fort. Zu den dunkelsten und in den heutigen Geschichtsdebatten der Ukraine weitgehend tabuisierten Kapiteln der Geschichte der OUN-B zählt die Beteiligung der OUN-B und der von ihr geführten und aufgestellten ukrainischen Milizen an den Pogromen gegen die jüdische Bevölkerung, die nach dem Abzug der Roten Armee – und fast zeitgleich mit dem »Staatsakt« der OUN-B – Ende Juni / Anfang Juli 1941 in zahlreichen Städten und Dörfern der Westukraine einsetzten. Dasselbe gilt für die von den Milizen – durch Festnahmen von Juden – geleistete

Unterstützung bei Massenerschießungen im Juli 1941 durch die Einsatzgruppen. Die Milizen waren auch an Gewaltexzessen der Waffen-SS-Division Wiking in einer Reihe von Städten in Ostgalizien beteiligt.[7] Der Historiker Aleksandr Kruglov schätzt die Zahl der in der gesamten Westukraine im Juni / Juli 1941 ermordeten Juden auf etwa 16 000.

Die antijüdische Gewalt wurde mit dem nicht zutreffenden Vorurteil begründet, Juden seien generell als Unterstützer des Sowjetregimes einzustufen. Unmittelbarer Auslöser der Pogrome, von denen hier nur kurz der Fall Lemberg betrachtet werden kann (30. Juni bis 2. Juli 1941), war u.a. das Auffinden der von den Sowjets bzw. dem NKWD beim Abzug der Roten Armee ermordeten Gefängnisinsassen (unter denen mehrheitlich Ukrainer, aber auch viele Polen und Juden waren). Gründe für die Inhaftierungen durch den NKWD waren u.a. der Verdacht des ukrainischen Nationalismus oder Verbindungen zum nationalistischen Untergrund. Die Gesamtzahl der vom NKWD inhaftierten und beim Abzug der Roten Armee getöteten Insassen (Ukrainer, Juden und Polen) belief sich allein in Lemberg auf über 3000, für alle Gebiete des sowjetisch besetzten Ostpolen wird sie auf über auf 20 000 geschätzt, davon zwei Drittel allein in der Westukraine. Die schnelle Verbreitung von Informationen über die Massenmorde an den Gefängnisinsassen und der Umstand, dass Juden zu den Aufräumarbeiten und der Bergung von Leichen in den NKWD-Gefängnissen herangezogen wurden, wirkte als Katalysator pogromartiger antijüdischer Gewalt. Die ukrainischen Milizen brachten die Juden – in weitaus höherer Zahl als für die Aufräumarbeiten benötigt – zwangsweise zu den Gefängnissen, misshandelten und schlugen sie, wobei sie von Zivilisten unterstützt wurden. An Misshandlungen und Ermordungen auf den Gefängnishöfen waren meist ukrainische Milizen und Zivilisten, aber auch deutsche Soldaten und Polizei beteiligt. Zu Tötungen von Juden durch die ukrainische Miliz oder Einheimische kam es im Rahmen der Beteiligung an Gewaltexzessen; systematische Erschießungen hat die ukrainische Miliz selbst nicht durchgeführt. Die deutschen Machthaber haben die Hassausbrüche toleriert und gefördert; die Einheimischen mussten zu antijüdischen Handlungen jedoch nicht besonders angetrieben werden. Die Gewaltexzesse gegen Juden waren im Sinne der – auch von der OUN-B geteilten und verbreiteten – stereotypen Wahrnehmung vom »jüdischen Bolschewismus« in den Augen vieler Ukrainer eine Strafe für die sowjetischen Verbrechen. In den Gewalttaten zeigte sich laut Kai Struve der »emotionale Ausnahmezustand«, den die Konfrontation mit den NKWD-Verbrechen ebenso auslöste wie die Freude über die Befreiung von der sowjetischen Herrschaft, als deren Träger und Nutznießer die Juden angesehen wurden. Hinzu kam die euphorische Hoffnung vieler Ukrainer auf einen eigenen Staat, die von den Deutschen aber bald enttäuscht wurde. Die von der OUN-B geführten Milizen haben noch Ende Juli / Anfang August die deutsche Sicherheitspolizei durch Festnahmen bei den Massenerschießungen von Juden unterstützt. Obwohl das Verhältnis der OUN-B zu den Deutschen nach der gescheiterten Staatsgründung massiv eingetrübt war, widersprach die Zusammenarbeit bei den Gewalttaten gegen Juden nicht den Zielen der OUN-B. Diese sah in der Verfolgung der Juden ein konkretes Feld der Kooperation und hoffte durch entsprechende Mitarbeit immer noch, die Deutschen davon überzeugen zu können, die Errichtung eines ukrainischen Staates zuzulassen.

Die Gewalt der ukrainischen Milizen gegen Juden an vielen Orten kann nicht allein mit einem Kampf gegen die sowjetische, von Juden symbolisierte Herrschaft erklärt werden: In Südostgalizien haben die OUN-B-geführten Milizen in Orten, wo die dortige ungarische Besatzungsmacht keine volle Kontrolle (vor allem in den Dörfern) ausübte, bei ihren Aktionen gegen echte und vermeintliche jüdische Helfer der Sowjets ganze Familien getötet. Dies spricht dafür, dass auch ein generalisierender und eliminatorischer Antisemitismus als eigenständiges Movens eine Rolle für das Handeln der Bandera-Milizen spielte.[8] Trotz der erheblichen Beteiligung von OUN-B-Angehörigen und anderen Einheimischen an den antijüdischen Gewalttaten ging das Morden in weitaus höherem Maße von den Deutschen aus. Zudem haben die ukrainischen Milizen gegenüber den Juden nicht an allen Orten einheitlich gehandelt. Trotz der von ukrainischer Seite verübten massiven antijüdischen Gewalt im Sommer 1941 ist das Vorurteil von »dem Antisemitismus der Ukrainer« ebenso falsch wie andere Kollektivstereotype. Tausende von Juden haben von Ukrainern im Laufe der Besatzungszeit Hilfe erfahren oder wurden durch sie gerettet.[9]

Im August und September 1941 kündigten die Deutschen die Zusammenarbeit mit der Bandera-OUN endgültig auf. Die deutsche Besatzungsmacht ging nun selektiv – wenn auch nicht auf breiter Front – in Form von Verhaftungen und Erschießungen gegen die Organisation vor. Bandera kam im November 1941 in »Ehrenhaft« in das Konzentrationslager Sachsenhausen. Seine Brüder, die OUN-B-Mitglieder Oleksandr und Vasyl, wurden im Herbst 1941 von der Gestapo verhaftet und im Juli 1942 im KZ Auschwitz ermordet. Im Sommer 1942 wurden noch weitere Mitglieder der Führungsgruppe der OUN-B nach Auschwitz deportiert.

In die Illegalität gezwungen, musste sich die OUN-B neu aufstellen. Unter ihrer Führung wurde 1942/1943 die Ukrainische Aufstandsarmee (UPA) aufgebaut, die im Grunde ihr militärischer Arm war, wenn auch nicht völlig mit der OUN-B identisch. Die personelle Basis der UPA rekrutierte sich u.a. aus Mitgliedern der OUN-B, ehemaligen Mitgliedern der Bataillone Nachtigall und Roland sowie einheimischen jungen Männern und Teilen der ukrainischen Hilfspolizei, die an den deutschen Massenmorden an Juden beteiligt waren. Im Laufe des Krieges gewann die UPA eine immer größere politische Bedeutung. Sie verfügte über einen breiten Rückhalt in der westukrainischen

Bevölkerung, die die repressive sowjetische Herrschaft in den Jahren 1939 bis 1941 noch in so frischer wie schlechter Erinnerung hatte und ihre Rückkehr in die Westukraine im Sommer 1944 fürchtete. Der in der westlichen Ukraine konzentrierte Kampf der UPA dauerte bis 1949, der antisowjetische Widerstand des nationalistischen Untergrunds bis in die 1950er Jahre.

1943 kämpfte die UPA vor allem gegen sowjetische Partisanen, deren Auftauchen in Wolhynien ein Motiv ihrer Gründung gewesen war, und 1944, nach der Rückeroberung der Gebiete durch die Sowjets, kämpfte sie auch gegen die Rote Armee. Außerdem ging sie gegen polnische Einwohner vor. Der Krieg der UPA mit den Sowjets wurde beiderseits mit enormer Brutalität geführt. Um der UPA die Rekrutierungsbasis und Unterstützung zu entziehen, reagierte die sowjetische Geheimpolizei mit massenhaften Erschießungen, Verhaftungen und Deportationen. Zwischen 1944 und 1952 wurden etwa 153 000 Menschen erschossen, und zwischen 1944 und 1953 sind etwa 66 000 Familien (rund 204 000 Menschen) aus der Westukraine deportiert worden. Dies ist ein Grund für die in Ostgalizien und Teilen Wolhyniens dominierende antisowjetisch eingefärbte nationale Erinnerungskultur, in der die UPA als eine Art Heimatschutzarmee angesehen wird.

In der sowjetischen Historiographie und Propaganda wurden zahlreiche Aspekte des Untergrundkampfes der UPA verschwiegen und die Stereotype von den *banderowzy* auf die UPA übertragen. Das daraus resultierende, von der heutigen russischen Medienpropaganda meist übernommene Zerrbild von der durchgehenden Kollaboration der UPA mit den Deutschen ist in dieser Eindeutigkeit jedoch historisch unzutreffend. Zwar gab es einzelne Kontakte von UPA-Gruppen mit deutschen Stellen, tendenziell wendete sich der nationalistische Partisanenkampf der UPA aber auch gegen die deutsche Besatzungsmacht. Aktionen der UPA richteten sich beispielsweise gegen die deutsche Zivilverwaltung und Infrastruktur und waren »keine

Einzelfälle, sondern schränkten deren Arbeit spürbar ein«.[10] Außerdem versuchte die UPA, Zwangsarbeiter zu befreien, nicht zuletzt, um sie der UPA einzugliedern. Der Widerstand der UPA richtete sich vor allem gegen die Zivilverwaltung, die deutsche Sicherheitspolizei und den SD.

In weiten Teilen der ukrainischen Historiographie wird die in kosakischen Traditionen stehende UPA als »nationale Armee« und dritte Kraft dargestellt, die kompromisslos sowohl gegen die deutsche als auch die sowjetische Besatzungsmacht kämpfte. Außerdem wird darauf hingewiesen, dass es im Rahmen des außerordentlichen Kongresses der OUN-B im August 1943 zu erheblichen Modifikationen in der Programmatik von OUN und UPA in Richtung auf eine Demokratisierung und im Sinne einer moderateren Einstellung der UPA gegenüber Juden gekommen sei. Das daraus resultierende Bild von der UPA als antitotalitärer und für die Freiheit und Unabhängigkeit der Ukraine kämpfende Kraft lässt sich jedoch nur aufrechterhalten, wenn die dunklen Seiten der UPA konsequent unterschlagen werden. Die Demokratisierung stand nur auf dem Papier und war vor allem taktisch motiviert: Angesichts der drohenden Niederlage des Deutschen Reiches suchten die OUN-B und die UPA neue Bündnispartner wie die Westmächte.

Die UPA perpetuierte zahlreiche Elemente des rechtsextremen integralen Nationalismus der OUN der 1930er Jahre. Das eigentliche Verbrechen der UPA setzte im März 1943 mit dem Versuch einer »ethnischen Säuberung« des Gebiets Wolhynien ein. Der Terror gegen die polnische Bevölkerung zielte auf eine ethnische Homogenisierung Wolhyniens ab, um den Anspruch der Einbeziehung dieser Region in einen künftigen ukrainischen Staat zu unterstreichen. Den Massakern fielen mindestens 60 000 Polen zum Opfer, 15 000 bis 20 000 Ukrainer den Gegenmaßnahmen der polnischen Heimatarmee. Dieses Ereignis ist Teil eines größeren, auch unter der vor allem in der Ukraine gebräuchlichen Bezeichnung »Wolhynien-Tragödie«

bekannten blutigen ukrainisch-polnischen Konflikts, der bisher weder ausreichend erforscht noch aufgearbeitet worden ist.

Der Umgang der UPA mit den Juden, die in die Wälder geflüchtet oder in den Reihen der UPA als Ärzte oder Handwerker tätig waren, verlangt ebenfalls noch eine gründliche Untersuchung. Doch blieb die Haltung der UPA tendenziell antisemitisch. Viele UPA-Partisanen waren weiterhin überzeugt, dass »die Juden« die Sowjetmacht unterstützten. Im Frühjahr 1944 setzte die Kooperation zwischen UPA und Wehrmacht wieder ein. Nicht selten wurden Juden, die in die Wälder geflüchtet waren, von UPA-Einheiten getötet.[11]

Nachdem die Westukraine wieder in sowjetischer Hand war, wurde Stepan Bandera im September 1944 aus der Haft entlassen – auch dies eine Folge der erneuten Kooperation der UPA mit den Deutschen. Er blieb zwar während des Krieges symbolisch der Führer der OUN-B, hatte jedoch mit dem Kampf der UPA kaum etwas zu tun. Bandera nahm noch teil an der letzten Etappe der ukrainisch-deutschen Kollaborationsgeschichte: Im November 1944 war er Mitbegründer des Ukrainischen Nationalkomitees, das von der deutschen Reichsregierung im März 1945 noch als »alleiniger Vertreter des ukrainischen Volkes« anerkannt wurde, doch spielten dort künftig weder er noch die OUN-B mehr eine entscheidende Rolle. Seit Februar 1945 stand Bandera an der Spitze des auf einer Wiener Konferenz der OUN-B gegründeten Auslandszentrums der Organisation, bevor er nach Kriegsende nach Bayern übersiedelte, wo er bis zu seiner Ermordung 1959 unter falschem Namen lebte. Die Auslandsorganisation der OUN-B blieb nach dem Krieg in ideologische Streitereien und machtpolitische Konflikte verstrickt und spaltete sich schließlich. Stepan Bandera soll sich in den organisationsinternen Kämpfen Demokratisierungstendenzen widersetzt haben, wobei ungeklärt ist, ob die demokratischen Veränderungsbestrebungen seiner Rivalen ernst gemeint waren. Bandera jedenfalls stand schließlich einem Flügel der Auslands-OUN-B vor, deren Wirken weitgehend auf das Exil eingeschränkt war. Die OUN-B-Führung im Ausland einerseits und die Landesstrukturen von OUN und UPA in der Ukraine andererseits isolierten sich zunehmend voneinander. Wenige Jahre nach Kriegsende hatte die Auslands-OUN in der ukrainischen Heimat keine Basis mehr.

Für die russische TV-Propaganda war es ein Leichtes, die auf dem Maidan sichtbaren Symbole der radikalnationalistischen Tradition samt Porträts von Bandera zu finden und ins Zentrum zu rücken, um ihre verfälschenden Thesen zu den »neuen *banderowzy*« visuell zu untermauern. Auf den regelmäßigen großen »Volksversammlungen«, dem Herzstück der Maidan-Proteste, benutzte eine erdrückende Mehrheit nicht die Zeichen der nationalistischen Tradition, sondern die Staatssymbole der Ukraine, insbesondere die blau-gelbe Flagge und diese häufig in Kombination mit der EU-Flagge. Die Akzeptanz Banderas, der vor allem unter westukrainischen (ostgalizischen) Demonstranten populär war, wuchs während der Proteste auch unter Kiewer und zentralukrainischen Demonstranten, welche die Mehrheit auf den großen »Volksversammlungen« bildeten. Doch weder bei diesen Demonstranten noch bei einer Mehrheit der Bevölkerung ist er zum unbestrittenen Nationalhelden aufgestiegen. Auch die mit ihm und der OUN-B verknüpften Gedenktage, die rot-schwarze Organisationsfahne der OUN und sein Porträt konnten sich als repräsentatives Symbol der Maidan-Bewegung nicht durchsetzen. Wichtigstes Symbol war Taras Schewtschenko, der unter fast allen Ukrainern unumstrittene ukrainische Nationaldichter. Sein auf dem weithin sichtbaren großen Eurobanner befestigtes Bild blieb auf der Bühne von Beginn bis Ende der Proteste präsent.

Das einzige Element des radikalnationalistischen Traditionsbestands, das eine große Verbreitung erfuhr, war der Ruf »Ruhm der Ukraine, den Helden Ruhm!«, wie ihn auch die OUN als Gruß verwendete. Seine Popularisierung auf dem Maidan und danach bedeutet nicht Zustimmung zu einem faschistischen Programm und ist auch nicht primär mit der Erinnerung an die historische OUN oder UPA verknüpft. Der Ruf »Ruhm der Ukraine« verbindet sich für die Mehrheit der Protestierenden mit den konkreten Helden des Maidan, wie z.B. den Ende Februar getöteten Demonstranten. Er steht für demokratische Veränderung und die Auflehnung gegen ein autoritäres und korruptes Regime.

Das besonders unter Jugendlichen populäre Bild von Stepan Bandera als unbeugsamem Kämpfer für die ukrainische Unabhängigkeit und gegen die totalitären Besatzer baut gleichwohl auf einer Geschichtsklitterung auf. Bandera steht historisch für die extremste Form des Nationalismus, in dem Andersdenkende keinen Platz hatten. Es ist daher fraglich, ob sich eine freiheitlich verklärte radikalnationalistische Tradition als Symbolressource einer demokratischen Gesellschaft eignen wird. Vor allem im östlichen Donbass, aber auch in Teilen des derzeit überwiegend staatsloyalen Südens wird die Popularisierung nationalistischer Symbole radikal abgelehnt oder mit Skepsis gesehen und kann zur Entfremdung vom ukrainischen Staat beitragen. Dies ist sicher auch, aber nicht in jedem Fall allein eine Folge sowjetischer und russischer Propaganda. Politische Symbole lassen sich nicht einfach von ihren historischen Bedeutungen oder unterschiedlichen, mündlich weitergegebenen Familienerfahrungen trennen. Und schließlich fehlt den Menschen im Donbass und in Teilen des Südens die Emanzipationserfahrung des Maidan. Die freiheitlich-demokratischen Umwertungen einzelner nationalistischer Symbole nachzuvollziehen, die durch die Proteste bewirkt oder bestätigt wurden, ist ihnen deshalb kaum möglich. Das wiederum erschwert ihnen, der Bedeutungsverschiebung wirklich zu trauen. Die ukrainische Gesellschaft wird sich daher künftig einer offenen und herrschaftsfreien Debatte über die Geschichte von OUN und UPA stellen müssen, die auch die dunklen Seiten nicht verschweigt.

Für wichtige Hinweise dankt der Autor Frank Golczewski, Kai Struve, Grzegorz Rossoliński-Liebe, Ray Brandon und Dieter Pohl.

Anmerkungen

1 Vgl. Rückentext und Text zum Buch innen bei Aleksandr Sever, *Bandera i banderovščina* [Bandera und die Banderaleute], Moskau 2014.

2 Zur ideologischen Genese der OUN und ihres Verhältnisses zu Deutschland vgl. Frank Golczewski, *Deutsche und Ukrainer 1914–1939*, Paderborn u.a. 2010, vor allem S. 547–603.

3 In der Zwischenkriegszeit lebten in Polen laut der Volkszählung von 1931 offiziell 4,4 Millionen Ukrainer, tatsächlich sollen es aber 5 bis 6 Millionen gewesen sein. Die am stärksten ukrainisch besiedelten Gebiete waren Galizien (vor allem Ostgalizien) und Westwolhynien. Nach dem deutschen Überfall auf Polen im September 1939 kam Westgalizien zum »Generalgouvernement«, also zu den Gebieten Polens, die vom Deutschen Reich zwischen 1939 und 1945 militärisch besetzt, aber nicht unmittelbar dem Deutschen Reich eingegliedert wurden. Ostgalizien und Westwolhynien kamen infolge des Geheimen Zusatzprotokolls im Hitler-Stalin-Pakt zwischen September 1939 und Juni 1941 unter sowjetische Besatzung. Nach dem Einmarsch der Deutschen in die Sowjetunion wurde Ostgalizien am 1. August 1941 als »Distrikt Galizien« dem »Generalgouvernement« eingegliedert; Westwolhynien kam – wie der größte Teil der Zentral- und Südukraine – zum »Reichskommissariat Ukraine«. Vgl. Andreas Kappeler, *Kleine Geschichte der Ukraine*, München 3. Aufl. 2009, S. 206 f.

4 Vgl. Grzegorz Rossoliński-Liebe, Obraz Stepana Bandery v pols'kij natsional'nij svidomosti [Das Bild Stepan Banderas im polnischen Nationalbewusstsein], in: Tarik Cyryl Amar, Ihor Balyns'kyj, Yaroslav Hrytsak (Hg.), *Strastiza Banderoju* [Leidenschaften um Bandera], Kiew 2010, S. 90–105, hier S. 93 f. – Ich danke Grzegorz Rossoliński-Liebe für wichtige Hinweise zum Werdegang Stepan Banderas. Seine gerade erschienene Bandera-Biographie lag mir noch nicht vor: Grzegorz Rossoliński-Liebe, *Stepan Bandera. The Life and Afterlife of a Ukrainian Nationalist*, Stuttgart 2014.

5 Die Parole (auch: »Den ukrainischen Staat erkämpfen oder sterben!«) ist aus dem ersten Gebot des OUN-Dekalogs abgeleitet.

Vgl. Franziska Bruder, *Den ukrainischen Staat erkämpfen oder sterben! Die Organisation Ukrainischer Nationalisten (OUN) 1929–1948*, Berlin 2007. Vgl. das Zitat ebd., S. 58, sowie zum Werdegang Stepan Banderas, zur Entwicklung der OUN in Polen und zum Verhältnis der OUN-B zu den Deutschen 1940/1941 ebd., S. 56–58, S. 75–77, S. 86–105, S. 118–145.

6 Vgl. die Quelle in dem Dokumentenband: Oleksandra M. Veselova und Stanislav V. Kulčyc'kyj (Hg.): *OUN v 1941 roci. Dokumenty*. Bd. 1. Kiew 2006 [http://www.history.org.ua/?litera&id=1884].

7 Vgl. Kai Struve, Tremors in the Shatterzone of Empires. Eastern Galicia in Summer 1941, in: Omer Bartov und Eric D. Weitz (Hg.): *Shatterzone of Empires. Coexistence and Violence in the German, Habsburg, Russian, and Ottoman Borderlands*. Bloomington u. a. 2013, S. 463–484. – Für zahlreiche Hinweise zu den Pogromen im Sommer 1941 und zum Thema der Kollaboration der OUN-B beim Judenmord sowie für Informationen aus dem Manuskript seines im Frühjahr 2015 erscheinenden Buches *Deutsche Herrschaft, ukrainischer Nationalismus, antijüdische Gewalt. Der Sommer 1941 in der Westukraine* danke ich Kai Struve.

8 Vgl. Kai Struve, Das Einsatzkommando Lemberg, die ukrainische Miliz und die »Petljura-Tage« am 25. und 26. Juli 1941, http://www.academia.edu/3721431/, S. 14: »Die Miliz handelte zwar auf Befehl der deutschen Sicherheitspolizei, sie stand aber zu diesem Zeitpunkt noch unter der Führung der OUN-B.«

9 Vgl. die Homepage der Gedenkstätte Yad Vashem, wo derzeit 2472 Ukrainer als »Gerechte« aufgeführt werden, die Juden gerettet haben [http://www.yadvashem.org/yv/en/righteous/statistics.asp].

10 Bruder, *Den ukrainischen Staat erkämpfen oder sterben!*, S. 204.

11 Vgl. Frank Golczewski, Shades of Grey. Reflections on Jewish-Ukrainian and German-Ukrainian Relations in Galicia, in: Ray Brandon und Wendy Lower, *The Shoah in Ukraine. History, Testimony, Memorialization*, Bloomington u. a. 2008, S. 114–155, hier S. 141–143; zu antideutschen Aktionen der UPA: Bruder, *Den ukrainischen Staat erkämpfen oder sterben!*, S. 203–206.

SONJA MARGOLINA

Russischstunde

Kein fremder Land

Es muss im Sommer 1969 oder 1970 gewesen sein, als ich, damals schon Studentin, mit einer Gruppe von Schülern und Lehrern aus meiner alten Schule an einer Ferienreise in die Westukraine teilnehmen durfte. Die paar Dutzend Schwarzweißaufnahmen, die es gab, muss ich im Laufe der Jahre verschenkt haben, oder sie sind bei den Umzügen verlorengegangen. Heute versuche ich vergeblich, mir anhand der wenigen verbliebenen Fotos unsere Fahrt ins Gedächtnis zu rufen.

Von der dreiwöchigen Reise ist mir ein Gefühl der Fremdheit geblieben: weiß verputzte Hütten, bröckelnde Gebäude in Städten, wie ich sie nie gesehen hatte, alte Bauern in Huzulentracht. Ich habe die Fotos seit drei Jahrzehnten nicht mehr betrachtet und staune über die bodenlose Ahnungslosigkeit, mit der wir damals alle, ob jung oder alt, diese fremde Welt betreten haben. Es gab keinen Begriff dafür, was es mit diesem Land auf sich hatte, nur ein beklemmendes Gefühl der Andersartigkeit.

Auf einer leeren Landstraße kommt uns eine Frau in Strickjacke entgegen. Wir fragen sie nach dem Weg zur Burg. Sie schenkt uns keine Aufmerksamkeit, sondern geht einfach weiter, als wären wir Luft. Der Busfahrer spuckt aus und ruft ihr verärgert »Bandera-Pack« hinterher. Der Gruppenleiter empfiehlt ihm, die Klappe zu halten, und zündet sich entnervt eine Zigarette an. Bandera, denke ich, ist der Name eines Musikinstruments. Doch die ausladende ukrainische Balalaika – die in Wirklichkeit Bandura heißt – kann er wohl kaum gemeint haben. Was aber dann?

Auf der Straße zu der malerischen Burgruine hinauf bildet sich ein Stau, lauter ausländische Kennzeichen, die in Richtung Ushgorod immer zahlreicher wurden. Aus dem Busfenster beobachten wir, wie ein barfüßiger Junge, höchstens sieben Jahre alt, bei den Autofahrern um Kaugummi oder Geld bettelt. Er streckt seine kleine Hand aus, und der Fahrer steckt ihm durch das heruntergekurbelte Fenster mit gleichgültiger Miene eine Münze zu. Unser Gruppenleiter, ein Sportlehrer, verfolgt gebannt die Szene, sein Gesicht läuft rot an. Dann springt er vom Sitz, kurbelt die Fensterscheibe herunter und brüllt den Jungen an: »Schämst du dich nicht? Du bist doch ein Sowjetmensch!« Der Junge scheint seine Worte nicht zu verstehen, den Ton aber schon. Er blickt zum Busfenster hinauf und fährt sich mit der Handkante über den Hals. Dann geht er weiter, die Autoschlange entlang. Diese Szene steht mir noch heute vor Augen. Ich bin mir ziemlich sicher, dass sich im Zornesausbruch des Sportlehrers Irritationen entluden, die während der Reise durch diese fremdartigen Orte immer stärker geworden waren. Den Schülern ist sein Ausfall peinlich. Sie schweigen bedrückt.

Auf einem der Fotos stehen wir vor der ersehnten Burgruine. Auf einem anderen ziehen Pferde die Museumskanonen auf ein Feld, Husaren mit Bajonetten und üppigem Federschmuck marschieren an der Landstraße: Eine Komparsen-Armee bereitet sich für eine Schlacht gegen Napoleon vor. Ich glaube mich daran erinnern zu können, dass die Dreharbeiten in der Nähe von Mukatschewe in Transkarpatien stattgefunden hatten. Doch meine Recherche zur Filmgeschichte lässt mich ratlos. *Krieg und Frieden* wurde Mitte der 1960er Jahre produziert. Also muss es ein anderer Historienfilm gewesen sein. Vielleicht stimmt auch der Ort nicht. Die alten Bilder verwirren mich. Zu lange war die Ukraine für mich kein realer Ort, sondern eine Filmkulisse.

Antisemitismus als Vorbehalt

An der Moskauer Universität hatte ich mich mit Lia Pevsner aus Kiew angefreundet. Zweimal war sie bei den Aufnahmeprüfungen für die biologische Fakultät der Kiewer Uni durchgefallen. Beim dritten Mal hat sie sich entschieden, es noch einmal in Moskau zu versuchen – und bekam bereits nach dem ersten Semester ein Begabten-Stipendium. Lia hatte das schmale Gesicht einer Borzaja und war immer in Eile. Rennen, um nicht zurückbleiben zu müssen, Zähne zusammenbeißen – eine jahrhundertelange Übung. Trotz ihrem ausgezeichneten Abschluss in Physiologie der Tiere fand Lia in ihrer Heimat keine Anstellung. Heute lebt sie in Boston.

Mischa, ein bärtiger Jude aus Charkow, war mein Chef bei der stumpfsinnigen Umweltschutzbehörde, für die ich Anfang der 1980er Jahre arbeitete. Wenn ich ihn im Profil sah, musste ich an einen assyrischen Krieger auf dem Stadttor von Ninive denken. In Charkow hatte Mischa sich gegen antisemitische Mitschüler mit den Fäusten behaupten müssen. Zum Beweis für seine Wehrfähigkeit zeigte er mir stolz seinen schief zusammengewachsenen Mittelfinger. Er studierte Geographie und heiratete die Tochter eines hohen mongolischen Parteifunktionärs aus Ulan Bator, die eine umwerfende Reiterin gewesen sein soll. Der Bund zwischen einem Juden und einer Nomadin war etwas höchst Seltenes. Als ich Mischa kennenlernte, war diese Ehe schon zerbrochen. Kämpfen tut den Juden gut, dachte ich damals. Er nahm Hebräischunterricht.

Die Geschichten von Mischa und Lia, ukrainischen Juden, fügten sich nahtlos in die tradierten jüdischen Vorstellungen von der Ukraine, wie sie sich auf der historischen Zeitachse aneinanderreihten: die Pogrome des Kosakenhauptmanns Bohdan Chmelnyzkyj, die Pogrome im Zarenreich, die Bejlis-Affäre, die blutigen Exzesse gegen Juden im Bürgerkrieg und im Roman des feurigen Bolschewiken Nikolai Ostrowski *Wie der Stahl gehärtet wurde*, der im Lehrplan stand, Pogrome bei Isaak Babel in der *Geschichte meines Taubenschlags* und der *Reiterarmee*, schließlich *Babij Jar* von Anatoli Kusnezow in der zensierten Ausgabe.

Die Ukraine war für Juden der Inbegriff des Antisemitismus. Wer nach der Evidenz dieser Empfindung in der Gegenwart fragte, nach Belegen, bekam ein mitleidiges Lächeln zur Antwort. Anfang der 1990er Jahre schienen alle möglichen Geschichten die Befürchtungen zu bestätigen. Eine achtzigjährige Jüdin aus Lemberg, die nach der Unabhängigkeitserklärung der Ukraine einen Antrag auf Ausreise nach Israel gestellt hatte, wurde auf der Behörde gefragt, warum sie ausgerechnet jetzt, da das Land endlich frei werde, emigrieren wolle. Darauf soll sie geantwortet haben: »Ich habe Hitler überlebt, ich habe Stalin überlebt, aber die Ukrainisierung werde ich nicht mehr überleben.«

Juden fällt es bis heute schwer zu glauben, dass die unabhängige Ukraine plötzlich ohne Judenhass auskommen könnte. Josef Zissels, der Vorsitzende der Assoziation Jüdischer Gemeinden und Organisationen in der Ukraine, kann noch so vielen Menschen erzählen, es gebe in diesem Land keinen virulenten Antisemitismus, den Minderheiten gehe es gut. Offenbar kostet es Überwindung, sich an diesen Gedanken zu gewöhnen.

Femen in Tschernobyl

Die aus der Zerfallsmasse der Sowjetunion entstandene Ukraine hatte das schreckliche Unglück von Tschernobyl geerbt. Es ist dem Ende der Sowjetunion vorausgegangen und hat das Bild des neugegründeten Staates negativ geprägt. Die Angst vor den Folgen des GAU, die überlieferten historischen Geschichtsbilder neben den politischen Kalamitäten der 1990er und 2000er Jahre ließen die Ukraine als unsichere Zone erscheinen, als eine Leerstelle auf der mentalen Landkarte Europas.

Die neue, unabhängige Ukraine tauchte in den deutschen Medien so gut wie nie auf. Erst der ehemalige Ministerpräsident Pawlo Lasarenko machte 1999 international Schlagzeilen: Gegen den korrupten Spitzenpolitiker wurde in den USA wegen Geldwäsche und Erpressung ermittelt.

Im Herbst 2004 bricht die Orange Revolution aus, und plötzlich steht die Hoffnung auf einen demokratischen Neubeginn im Raum. Charismatische Politiker kommen an die Macht: Präsident Wiktor Juschtschenko, dessen entstelltes Gesicht – er soll vom russischen Geheimdienst vergiftet worden sein – zum Symbol des Kampfes gegen eine ruchlose Herrscherclique um Leonid Kutschma wird. Julija Tymoschenko, die schöne Ministerpräsidentin mit dem strohgelben Zopfkranz, der von einem Gemälde in einer Landwirtschaftsausstellung stammen könnte. Unter Lasarenko soll sie in krumme Geschäfte mit Gaslieferungen aus Russland verwickelt gewesen sein, was ihr den Beinamen »Gasprinzessin« eingebracht hat.

Juschtschenko schien darauf erpicht, die ukrainische Identität mit der Erinnerung an den Holodomor und mit einem Kult um Stepan Bandera zu befördern und das Land in die NATO zu führen. Sogenannte Gaskriege mit Russland waren die Folge. Der Gastransfer nach Europa geriet in Gefahr.

Wie die meisten postsowjetischen Staaten entpuppte sich die Ukraine als *fake democracy*, wie es der britische Ukraine-Experte Andrew Wilson in einer wegweisenden Studie formulierte. Oligarchen, Kriminelle, Mafiosi gründeten eigene Parteien. Sie lenkten die Politik zu ihren Gunsten und plünderten das Land aus. Das war seit Beginn der 1990er Jahre so und änderte sich auch nach mehreren Parlaments- und Präsidentschaftswahlen nicht.

Das dubiose Image der Ukraine hatte viele Facetten. In den 1990er Jahren wurde die junge Ukrainerin zum Symbol für käuflichen Sex. Ukrainische Prostituierte tauchten im deutschen *Tatort* auf. In der Fernsehserie *Im Angesicht des Verbrechens* (2010) von Rolf Basedow und Dominik Graf, die im Berlin der 1990er Jahre spielt, verliebt sich ein deutscher Polizeikommissar jüdischer Herkunft in eine zarte Ukrainerin vom Land, die von Frauenhändlern nach Berlin gelockt und in die Prostitution gezwungen wurde. Ihre beste Freundin wird von einem Freier schwanger und will in die Heimat zurückkehren. Nach lebensgefährlichen Abenteuern gelingt ihr die Flucht mit Hilfe des sensiblen Kommissars. Als das Mädchen endlich in ihrem Heimatdorf ankommt, wird sie von einer Schar herumstreunender Kinder umringt. Diese Kinder, lässt uns der Film ahnen, sind ukrainische EU-Waisen: Die Mütter sind zum Anschaffen in den Westen gegangen; die Väter sind unbekannt.

Es ist auch kein Zufall, dass »Femen« – eine Bewegung von Studentinnen, die ihren Oberkörper entblößen, um gegen Sextourismus und Zuhälterei zu protestieren – ausgerechnet in der Ukraine gegründet wurde. Die Frauen waren es leid, zur Handelsware degradiert zu werden: »Die Ukraine ist kein Bordell!«

Auf der Suche nach Überlebensmöglichkeiten kamen viele Ukrainer als illegale Einwanderer nach Westeuropa. Alexander aus Dnipropetrowsk lebte seit dreizehn Jahren illegal in Berlin. Kunden rissen sich um ihn ob seiner Qualitätsarbeit. Eine Italienerin war schon dabei, eine Scheinehe für ihn zu arrangieren. Dafür sollte er 40 000 Euro hinblättern. Er hat aber einen anderen Weg gefunden. Nun ist er kein Ukrainer mehr, sondern ein Rumäne und darf sich ganz legal selbstständig machen. In seiner internationalen Brigade sind Männer unterschiedlicher Nationalitäten versammelt: ein Jude, der in den 1990er Jahren nach Deutschland kam, aber in Czernowitz eine florierende Firma für türkische Brautkleider besitzt, ein Moldauer mit rumänischem Pass, ein wortkarger Pole aus Pankow und ein Schwarzer, der in Ostberlin geboren wurde und in diesem Trupp der einzige Deutsche ist. Die rumänische Staatsangehörigkeit nutzte Alexander nichts. Er hat sich bei der Baumafia verschuldet. Als er noch Ukrainer und illegal war, wäre ihm das Unglück nicht passiert, weil er sich nicht hätte selbstständig machen können. Die gütige Italienerin sammelt jetzt Geld für ihn. Sie ist damit überfordert, und die Frist naht, nach der ihm seine Gläubiger mit der Knarre auf den Pelz rücken werden. Dann helfen ihm auch die rumänischen Papiere nichts. Gewöhnliche Menschen, würde der gebürtige Kiewer Michail Bulgakow vielleicht seufzen, denen nur der Überlebenskampf zu schaffen macht.

Ukrainische Handwerker, Putzfrauen und Krankenschwestern sind längst in unserem Alltag angekommen. Unsere Erfahrungen mit ihnen ändern nur wenig daran, dass unsere Vorstellungen von der Ukraine nicht über ein paar flüchtige Eindrücke und historische Stereotypen hinausreichen. Dabei wäre es geblieben, hätte sich nicht im Winter 2013/2014 das Wunder auf dem Maidan ereignet.

Plattentektonik

Ungeachtet aller Hinweise und Warnungen, etwa nach dem Georgien-Krieg 2008, war für mich der Angriff Russlands auf die Ukraine ein persönlicher Schock, eine tiefe psychologische Zäsur. Die Vorstellung, dass man bis an die Zähne bewaffnet einem schwachen, zerrissenen, von Oligarchen ausgeplünderten Land, dessen Volk sich aufzurappeln versucht, in den Rücken fällt, war unerträglich. Noch schlimmer war es, miterleben zu müssen, wie die propagandistische Mobilmachung des Kreml viele gute Freunde, auch in Deutschland, in den Orkan zynischer Lügen und des Hurra-Chauvinismus hineinzuziehen vermochte. Das Band, das mich ein Leben lang an Russland fesselte, ist gerissen, und über die Heftigkeit, mit der das geschah, war ich selbst überrascht. Gefühle sind ungerecht, doch sie haben ihre eigene Wahrheit.

»Russland sei Dank« lautete die Überschrift eines Artikels in der *Zeit* vom 11. Januar 2014, Christoph Dieckmanns Plädoyer für »den empathischen Blick nach Osten«. Es entbehrt nicht einer gewissen Ironie, dass der empathische Blick in diese Richtung auf ein Land trifft, das bislang auf dem Radar der fortschrittlichen Öffentlichkeit so gut wie nicht präsent war. Die Ukraine erhob sich gleichsam aus dem Nichts in dem Augenblick, als Russland im Begriff war, sie zu versenken. Russland sei Dank.

Allen Beschwerden über die vom Westen begangenen Fehler zum Trotz, ungeachtet lärmender Putinversteher, nützlicher Idioten, Friedenshysteriker und Amerikahasser haben sich seit Anfang des Jahres 2014 einige Gewissheiten verdichtet.

Erstens: Bei den meisten Bürgern, nicht nur im Westen, gehen die Kenntnisse über die Ukraine über tradierte Vorurteile und oberflächliche historische Stereotypen nicht hinaus. Zweitens: Im Winter 2013/2014 wurde die Welt Zeuge einer bürgerlichen Revolution gegen ein korruptes Marionettenregime, welches das Land buchstäblich an den Bettelstab gebracht hatte. In den Massenprotesten und auch im gewaltsamen Widerstand des Maidan, der Antwort auf den Terror der »legitimen« Macht, manifestierte sich die Geburt der ukrainischen Nation. Ohne die Gegenwehr militanter Demonstranten hätte das verhasste Regime nicht gestürzt werden können. Revolution ohne Gewalt ist ein Wunschtraum. Und drittens: Die Krim-Annexion offenbarte die Unberechenbarkeit Russlands und dessen Willen zur Selbstzerstörung.

All diese Erschütterungen führten dazu, dass das Land mit seinen 45 Millionen Einwohnern und einer Fläche etwa von der Größe Frankreichs sich plötzlich von der russischen Kontinentalplatte loslöste und – unregierbar und ohne einen Lotsen – nach Westen zu driften begann. In dem Maße, in dem sich die Ukraine auf der europäischen *mental map* Europa näherte, verschob sich Russland weiter nach Osten. Heute ist es »östlicher«, als es bislang je gedacht werden konnte.

Am evidentesten artikuliert sich diese »Veröstlichung« in der neuen Staatsideologie der »Russischen Welt«, die aus Bruchstücken historiosophischer und politischer Vorstellungen russischer Antibolschewisten und Exilnationalisten der Zwischenkriegszeit zusammengebraut wurde.

Das Trauma des Zerfalls des Russischen Reichs, der Flucht und Vertreibung der russisch-imperialen Elite nach 1917 ließ konservative Emigranten von der Befreiung des heiligen Russlands träumen. Manch ein Patriot, von faschistischen und geopolitischen Ideen jener Zeit geprägt, versprach sich von einer rechten Diktatur eine Wiedergeburt seiner Heimat und grübelte über einen Sonderweg Russlands.

Unter den Exildenkern galt der Philosoph Iwan Iljin (1883–1954) als einer der besonders militanten Antibolschewisten. Im Faschismus sah er eine gesunde Reaktion auf den »linken Totalitarismus« und pries 1933 Hitler als Verteidiger Europas gegen die bolschewistische Barbarei. Selbst nach dem Sieg der Sowjetunion im Zweiten Weltkrieg, als sich Stalins Imperium im Zenit seiner Macht und Ausdehnung zu befinden schien, glaubte Iljin an dessen unausweichlichen Zusammenbruch. Er sah mittlerweile aber ein, dass der Faschismus es mit der totalen Herrschaft zu weit getrieben hatte. Dem künftigen Russland wünschte er eine autoritäre Diktatur im Stile Francos oder Salazars. Zugleich empörte sich Iljin aber über die Unterstützung nationaler Unabhängigkeitsbewegungen im sowjetischen Einflussbereich durch die Alliierten. Denn sie trügen zu einer Schwächung des Sowjetreichs bei, an dessen Stelle einmal ein »einiges und unteilbares Russland« als Führerstaat treten sollte. »Es wird die historische Stunde kommen«, schrieb Iwan Iljin 1950 in der Schweiz, »da [das russische Volk] aus seinem scheinbaren Sarg auferstehen und seine Rechte zurückfordern wird.«

Auch andere Emigranten träumten von der Wiedergeburt des russischen Imperiums. In den 1920er Jahren begründete eine Gruppe von Philosophen und Historikern eine Bewegung unter dem Namen Eurasiertum. Die Eurasier legten Wert auf geographisch bedingte Besonderheiten, unter denen der Nationalcharakter eines Volkes in den zurückliegenden Jahrhunderten seine unverwechselbare Form angenommen habe, und sie hielten ihn für eine anthropologische Konstante. Russland sei weder Europa noch Asien, sondern ein vollkommen eigenständiger Landkontinent, der überwiegend asiatisch geprägt sei.

Die russische Bevölkerung sei aus der Vermischung slawischer Stämme und mongolischer Nomaden hervorgegangen. Das romanisch-germanische Europa tauge deshalb keinesfalls als Vorbild, vielmehr stelle es eine Gefahr für die russische Kultur dar. Demokratische und sozialistische Ideen seien künstlich nach Russland verpflanzt worden, Liberalismus und Parlamentarismus seien dem Volk fremd. Die geeignete Staatsform sei eine Ideokratie, in der die vom Volk gewählte Führungsschicht durch eine Weltanschauung fundiert sei. Im künftigen Russland müsse der orthodoxe Glaube den Platz des Marxismus einnehmen.

Der liberale Politiker Pawel Miljukow verspottete das Russlandbild der Eurasier als »Aseopa«. Er spielte damit auf ihren antieuropäischen Affekt an. Das Eurasiertum, erkannte scharfsinnig der Philosoph Nikolai Berdjajew, sei weniger eine intellektuelle als eine »emotionale Reaktion nationaler und religiöser Instinkte auf die Katastrophe der Oktoberrevolution«.

Die Sehnsucht nach der Heimat hat einige der Emigrierten in die Sowjetunion getrieben, wo sie bald Opfer politischer Repressalien und des Großen Terrors wurden. Stalin brauchte keine Berater in Sachen Ideokratie, war er doch selbst mit seiner imperialen Ideologie des Sowjetpatriotismus ein praktizierender Eurasier. Auch als Denker waren die russischen Emigranten Zaungäste des Weimarer Europa geblieben. In der Sowjetunion wurden ihre Bücher in den Bibliotheken im *spezchran,* dem Giftschrank, aufbewahrt. Eine Handvoll ausgewählter, parteinaher Geisteswissenschaftler durfte in den vergilbten Seiten der in Berlin und Prag verfassten Werke blättern, um gegen den Klassenfeind ideologisch gewappnet zu sein.

Die Emigranten mit ihrer Ideologie eines eurasischen Kulturraums scheinen ganz oben angekommen zu sein. Die sterblichen Überreste von Iwan Iljin sind 2005 aus dem Schweizer Exil auf den Friedhof des Moskauer Donskoi-Klosters überführt worden. Die trüben Lehren der Eurasier füllen Regale in den Buchläden und werden wissenschaftlich erforscht. Der russische Präsident Putin ist ein glühender Anhänger von Iwan Iljin. Den Staatsbeamten empfiehlt er, dessen Werke wie einst die von Lenin zu lesen. Mit den Vorstellungen der »Russischen Welt«, wie sie im Prag und Berlin der 1920er und 1930er Jahre herbeiphantasiert wurden, werden heute geopolitische Ansprüche Russlands legitimiert.

Der Aufbruch nach Osten hieß der erste Sammelband der Eurasier, der 1921 erschienen war. Die Abkehr vom Westen, der Anspruch, das Zentrum einer eigenständigen, dem Westen gar überlegenen Zivilisation zu sein: Es ist nicht schwer zu erraten, warum der Kreml sich im Jahr 2014 der vergessenen Ideen der »konservativen Konterrevolution« bedient. Im kulturellen Vorrat Russlands gibt es einfach keine anderen Ideen, die sich als Rationalisierung des Traumas einer historischen Niederlage der Supermacht, des Zerfalls der Sowjetunion, ihrer »Dolchstoßlegende« – der Verrat von Gorbatschow und prowestlichen Liberalen – und weiterer »Weimarer« Symptome instrumentalisieren ließen. Das Ziel der Umwertung aller Werte scheint vielmehr zu sein: den zivilisatorischen Misserfolg zum nationalen Sonderweg umzudeuten und den revanchistischen, antiwestlichen Kurs des Kreml ebenso wie die kulturelle Abschottung des Landes zu legitimieren.

Seit Peter der Große das Fenster zu Europa aufgestoßen hatte, kannte Russland immer wieder Phasen der Abschottung, der Autarkie. Da das gesamte Gebäude der russischen Kultur und Bildung auf dem christlich-europäischen Fundament errichtet wurde, konnte sie selbst in den finstersten Zeiten nicht aufhören, europäisch zu sein. Russlands Kultur aber, zumal in der Sowjetunion, blühte auf Kosten der Zivilisation. Alexander Puschkin wurde für ein paar freche Zeilen in die Verbannung geschickt. Dostojewski saß im Zuchthaus. Ossip Mandelstam, der von den Vereinigten Staaten Europas träumte, ist im Gulag verreckt.

Doch die Zeiten haben sich geändert. Der Gegensatz zwischen Kultur und Zivilisation ist restlos diskreditiert. Gulagsysteme kennt man inzwischen in China, Iran und Nordkorea. Rohe Gewalt, die sich zu ihrer Legitimierung auf einen fundamentalistisch-religiösen Glauben beruft, beherrscht Teile der islamischen Welt. Die in den Rang nationaler Eigenart erhobene Barbarei und Willkür mit den romantischen Vorstellungen von der russischen Seele und Beschwörungen der »großen Kultur« zu verklären wird immer schwieriger. Man muss keinen Sonderweg predigen, wenn man Barbar bleiben will. Dem Leid und der Qual, die den Mitmenschen zugefügt wurden, lässt sich kein metaphysischer Wert mehr abgewinnen. Die Globalisierung des Schreckens banalisiert das Böse, das sich mit kultureller Eigenart rechtfertigt, anstatt sich zivilisatorisches Scheitern einzugestehen.

Die russische Kultur hat in den zwei vergangenen Jahrhunderten ein enormes symbolisches Kapital angehäuft. Vom Roman und der Musik des 19. Jahrhunderts bis zur Avantgarde um die vorletzte Jahrhundertwende und dem Underground – alles wurde im Westen rezipiert und geistig verarbeitet. Bis in die letzten Jahre gelang es der westlichen Öffentlichkeit, ihr Befremden über die zivilisatorischen Entgleisungen Russlands als Kulturnation durch die Bewunderung der kulturellen Leistungen zu relativieren. Doch ist zu befürchten, dass es der barbarischen Verwüstung der Ukraine als einer Orwellschen Friedensmission gelingen kann, Russland um die Reste seines symbolischen Kapitals zu bringen. Dann wird kein Weg mehr nach Moskau führen.

Das unsichtbare Dritte

Zur selben Zeit, als die entwurzelten Emigranten inmitten der europäischen Krise nach einem historischen Platz für die »Russische Welt« jenseits von Europa suchten, verfasste der Mittelalterhistoriker Georgi Fedotow (1886–1951) in Paris seinen Essay *Drei Hauptstädte*. Die Zäsur der Revolution, schrieb er, lasse den alten Streit zwischen Petersburg und Moskau erneut zu einem der akutesten Probleme der russischen Geschichte werden. Allerdings gehe es nicht mehr um eine (russische) Eigenart gegenüber Europa, sondern um Ost und West in der russischen Geschichte. Denn »der Kreml ist kein nationales Heiligtum mehr, sondern ein Vorposten der unterdrückten Völker Asiens«. Dieser Verschiebung entspricht die Verschiebung im Bewusstsein, wonach »das Eurasiertum das Slawophilentum erweitert und aufhebt«. Moskau sei dank der Revolution eine nach Asien ausgerichtete Metropole geworden. Im Kreml säßen, meint Fedotow, mit bolschewistischen Führern Vertreter der Fremdstämmigen, der kolonisierten Völker. Petersburg verkörpere indes die Niederlage des Westlertums. Vor diesem Hintergrund erscheine Kiew, genauer gesagt die *Idee von Kiew*, als ein Magnetpol, auf den »die Pfeile des Geistes« in seinen Schwankungen hindeuteten.

Die Orientierung Russlands nach 1917 – weg von Petersburg hin zu Moskau, von Europa hin zu Asien – ließ die *Idee von Kiew* als Ausweg aus dem eurasischen Dilemma aufleben. »Es scheint seltsam, in unserer Zeit über Kiew zu sprechen [...]. In der jüngsten Vergangenheit haben wir gedankenlos auf Kiews Ruhm und Schande verzichtet, unseren Stamm von Oka und Wolga hergeführt [...]. Stand Kiew jemals im Zentrum unseres Denkens, unserer Liebe?«

Die historische Intuition Fedotows nimmt die gegenwärtigen Ereignisse in und um die Ukraine vorweg. Denn Kiew ist im Begriff, die Umlaufbahn der imperialen »Russischen Welt« und damit seine provinziell-postsowjetische Randlage endgültig zu verlassen. Seine multikulturelle Prägung, auf die Fedotow sich beruft, bekommt vor dem Hintergrund imperialer Bedrohung und eurasischer Invasion eine unerwartete Aktualität. Ausgerechnet die Abkehr Russlands von seinem europäischen Erbe lässt die ukrainische Metropole am Dnipro als ein alternatives Zentrum der europäisch-russischen Kultur emporsteigen. Man könnte sogar sagen, Kiew ist dafür prädestiniert. Es geht nicht primär um den Zuzug von Russen, die wegen Repressalien oder Perspektivlosigkeit in ihrer Heimat nach Kiew ins Exil gehen. Kiew kann mehr werden als nur ein Refugium für Aussteiger aus der »Russischen Welt«.

Die Ukraine befindet sich in einer postimperialen Situation, in der die Bevölkerung eine andere Sprache spricht als die der Titularnation. In vielen Regionen ist Ukrainisch immer noch eine Sprache der Minderheit. Die ethnische und politische Identität der Ukrainer deckt sich nicht mit der sprachlichen Identität. Das bedeutet aber, dass es möglich ist, sich als Ukrainer zu fühlen und dennoch der russischen Kultur anzugehören.

Die Maidan-Revolution hat vor Augen geführt, dass Russisch kein Hindernis für die Emanzipation der ukrainischen Nation ist. Im Gegenteil: Indem russische und ukrainische Muttersprachler sich am gemeinsamen Kampf für die europäische Idee, gegen Unterdrückung und Gewalt beteiligen, bekommt Russisch eine Chance, sich von seinem imperialen Stammbaum loszulösen und zum Träger einer europäischen Kultur russischer Zunge zu werden.

Millionen von Ukrainern sind russischsprachig bzw. zweisprachig. Gerade die vitale Sprachenanarchie mit ihrem ungezwungenen Wechsel von einer Sprache in die andere im Alltag, in den Medien und in der Politik stellt einen reichen kulturellen Humus dar. Insbesondere junge Leute bewegen sich in diesem Sprachenwirrwarr wie Fische im Wasser. Naturgemäß wächst in der Ukraine die Bedeutung des Ukrainischen, doch auch das Russische befindet sich im Fluss, es verändert sich. Der Kiewer Schriftsteller Andrej Kurkow, der auf Russisch schreibt, glaubt gar, dass ein eigenes ukrainisches Russisch im Entstehen begriffen sei. Es nimmt polnische und ukrainische Wörter in sich auf, die Bedeutung mancher Wörter deckt sich nicht mehr mit der großrussischen Norm. Aus der europäischen Perspektive erscheint die historisch gewachsene Zweisprachigkeit für eine postnationale Ukraine vor allem als Standortvorteil.

Wäre die Geschichte nach 1917 anders gelaufen, das blühende Kiew wäre bis heute eines der wichtigsten Zentren polyphoner russischer Kultur geblieben. Doch die stalinistischen Zerstörungen und Verwüstungen des Zweiten Weltkriegs haben die ukrainische Hauptstadt provinzialisiert. Die koloniale Hyperzentralisierung trieb die Kiewer Elite nach Moskau, wo der Wissenschafts- und Kulturbetrieb ihr mehr Chancen bot.

Allerdings grenzt es an ein Wunder, dass die Drei-Millionen-Metropole allen Verheerungen zum Trotz wie ein Phönix aus der Asche immer wieder auferstehen konnte. Der Kiewer Genius loci scheint unzerstörbar. Nachdem Moskau in die geistige Steppe aufgebrochen ist, um nach seiner Identität jenseits der europäischen Dekadenz zu suchen, könnte der dritten Hauptstadt eine unvermutete Rolle zufallen.

Nach dem Zweiten Weltkrieg, als Stalin über halb Europa herrschte, wünschte Georgi Fedotow ein schnelles Ende des Sowjetimperiums herbei. Dessen Untergang, hoffte der Autor von *Drei Hauptstädte*, müsste jedoch keinesfalls ein Aus für Russland bedeuten. »Der Verlust des Imperiums stellt eine sittliche Reinigung dar, die Befreiung Russlands von einer schrecklichen Bürde, die sein Antlitz entstellte. Von den militärischen und polizeilichen Sorgen befreit, wird sich Russland seinen inneren Problemen widmen können, vor allem dem Aufbau [...] einer freien, sozialen und demokratischen Gesellschaftsordnung.«

Der alte Gelehrte konnte sich eine unabhängige Ukraine nicht vorstellen. Doch seiner Vision eines freien Russland entspricht heute die *Idee von Kiew* als Zentrum einer russisch-europäischen, nichtimperialen Kultur. »Jetzt zeigt man uns auf Asien und predigt den Hass auf das Lateinertum. Doch der wahre Weg führt nach Kiew.«

GERD KOENEN

»Ich liebe Russland …«

Wer sich öffentlich über den Krieg in der Ostukraine äußert und dabei eine Aggressionspolitik der Regierung Putin am Werk sieht, kann eindrückliche Erfahrungen machen. Er wird mit Anrufen oder Mails bombardiert, in denen Menschen ihrer Enttäuschung, Empörung oder Verachtung ungehemmten, manchmal unflätigen Ausdruck geben.

Dieses Phänomen ist in den Redaktionen fast aller deutschen und internationalen Medien notorisch geworden. Der britische *Guardian* hat schon im Frühjahr 2014 akribisch nachgewiesen, dass es sich hierbei, zumindest teilweise, um eine professionell organisierte Form des publizistischen Cyberwar mittels sogenannter *trolls* handelt, die unter immer neuen Namen und Adressen auftreten – als Teil einer hybriden Kriegführung, die zum Markenzeichen der neuen russischen Weltpolitik geworden ist. Ihre Akteure, angefangen mit Putin, spielen virtuos auf der Klaviatur einer pluralistischen westlichen Öffentlichkeit, die in Russland selbst (nach chinesischem Vorbild) systematisch ausgeschaltet wird.

Über den allgemeinen Befund kann man sich gleichwohl nicht hinwegtäuschen: Ein großer Teil der bundesdeutschen Publizistik und der offiziellen Politik bewegt sich bei dieser Frage wie bei kaum einer anderen in einer teilweise schrillen Dissonanz mit einem erheblichen Segment der eigenen Öffentlichkeit. Es wäre nicht schwer, die Gemeinde der Russland-Versteher (wie sie unsinnigerweise genannt werden und sich so stolz wie grundfalsch gern selbst bezeichnen) nach Motivlagen und Interessengruppen einzuteilen. Sie bilden jedenfalls eine erstaunliche Melange. Etwas sarkastisch könnte man zum Beispiel unterscheiden: Wohlstandschauvinisten (West) und Vereinigungsrevanchisten (Ost), Entspannungspolitiker älteren Schlags (von Egon Bahr bis Helmut Schmidt),

Sprecher der Energiemonopole und der Russlandfraktionen der Exportindustrie, gutgeschmierte Sportfunktionäre, Globalisierungsgegner und CIA/NSA-Paranoiker, Kulturpessimisten aller Couleur und traditionelle Russophile, alte und neue Linke (von Linkspartei bis Antifa), alte und neue Rechte (von NPD bis Identitäre), »Euroskeptiker« und Rechtspopulisten (von AFD bis Marine Le Pen oder Viktor Orbán). Und schließlich eine beachtliche Phalanx professioneller und teilweise prominenter Lobbyisten und Einflussagenten, allen voran der unerschütterliche Putin-Freund und Ex-Kanzler Gerhard Schröder.

Hat man sich einmal öffentlich geäußert, kann man auch zum Zeugen oder zum Objekt verblüffender Einschätzungen und Geständnisse werden. Ein emeritierter höchster Repräsentant der Bundesrepublik wird in einem Buchmessen-Gespräch etwa recht unmotiviert das Bekenntnis ablegen: »Ich liebe Russland« – was dem Kontext nach heißt: egal, was Sie mir über die Politik Putins sagen werden … Eine hochgeschätzte Moskauer Kulturkorrespondentin wird öffentlich und privat im Ton authentischer Verzweiflung sagen, »ohne die russische Erfahrung würde die europäische Kultur vollends wattig und kastriert«, wenn sie sich von einem Raum abschneide, der »geostrategisches Denken schult« und in dessen Literatur und Kunst unter »einem Maximum an Leidensdruck und grobmotorischer Belastung […] Menschheitserfahrungen, die über das Menschliche hinauszugehen scheinen, zu Gold gesponnen« werden. (Dass die beispielhaft angeführten Dichterinnen Wituchnowskaja, Zwetajewa, Achmatowa und der Komponist Schostakowitsch unter Repressionen der eigenen Staatsmacht von Stalin bis Putin gelitten haben, bevor sie aus diesen Leidenserfahrungen literarisches oder musikalisches Gold gesponnen haben, soll das Argument vermutlich noch stärker machen.)

Die Anziehungskraft Russlands und seiner Kultur ist mir selbst alles andere als fremd. Die russische Literatur und Musik, Malerei oder bildende Kunst des 19. und 20. Jahrhunderts haben mich so stark berührt und geprägt wie kaum etwas anderes. Nur können ästhetische Vorlieben oder kulturelle Bindungen eben kein Argument für die Rechtfertigung einer Politik der territorialen Expansion und Aggression sein. Und man sollte sich auch hüten, die melancholischen Bilder der russischen Isbas, der Holzhütten und Datschen, oder die wunderbar betrunkenen, von Liedern und Witzen durchbrochenen Küchengespräche, die man vor allem in der russischen Provinz noch immer führen kann, zu Ikonen einer schönen Rückständigkeit und Zeugnissen von Seelenweite zu erheben, ungefähr so wie die verrosteten Amischlitten und die unwiderstehliche Musikalität und Fröhlichkeit der eingeschlossenen Inselbewohner Kubas.

Auch sollte man ein kritisches Auge darauf haben, wenn vergangene Kulturleistungen wie zum Beispiel Schostakowitschs Leningrader Symphonie, die wahrhaftig das Produkt extremer Leidenserfahrungen gewesen ist, im aufgefrischten Pomp der Moskauer und Petersburger Kulturtempel als kulinarisches Konfekt serviert oder zur Vergoldung eines neuen, nationalreligiös überhöhten Staats- und Machtkultes missbraucht werden. Und schließlich darf man erwähnen, dass viele große Namen der russischen Kultur, viele ihrer Texte, Bilder und Kompositionen, ihrer Nachlässe und Lebenszeugnisse in der zaristischen wie der sowjetischen Geschichte Russlands, und heute schon wieder, nur im westlichen Exil überlebt haben und dass sie vielfach eher in Europa und in Amerika gedruckt, gespielt, ausgestellt und gepflegt worden sind als im eigenen Land.

Im Übrigen ist Russlands vergangene große Kultur längst Teil der Weltkultur. Und in Gefahr, sich davon abzuschneiden, steht viel eher das heutige Russland der oligarchischen Geld- und Machtkohorten und eurasischen Geopolitiker um Putin, das ja von all den vergangenen Leidenserfahrungen seiner Künstler wie seiner Menschen überhaupt nichts mehr hören will – mit Ausnahme des Großen Vaterländischen Kriegs, der als Rechtfertigung für alles dienen soll.

Die Nervosität und die Sorgen, die sich hierzulande an die Krise in der Ukraine knüpfen, zeugen von einem Gespür dafür, dass wir einem Konflikt ins Auge blicken, der sogar die Dimensionen eines neuen Kalten Kriegs potentiell überschreitet. Die vermeintliche Zäsur, der Umbruch des Jahres 1989, war vielleicht weniger tief, als wir angenommen haben. Wir bewegen uns noch immer im Strom ein und derselben Geschichte, eines neuen Spiels der großen Mächte, in dem imperiale Ansprüche ältesten Stils wieder aufgewärmt und die Furien des Bürgerkriegs und Staatenzerfalls genährt werden, während die mühsam geknüpften Fäden einer integrierten Weltwirtschaft und eines globalen Kommunikationsraums zum Zerreißen gespannt sind.

Der hybride Krieg, den die russische Regierung in der selbsterklärten Doppelrolle einer Rechtsnachfolgerin der verblichenen UDSSR und Hüterin einer »russländischen« Reichstradition jetzt gegen die Ukraine entfesselt hat, ist selbst nur Teil und Produkt einer globalen Weltkrise, die sich erneut in den Hauptkonfliktgebieten der beiden Weltkriege und des nachfolgenden Kalten Kriegs konzentriert: in Ost- und Mitteleuropa, in Ost- und Südostasien sowie im Nahen Osten. Höchst beunruhigend ist, dass es um Territorialansprüche geht, wie sie seit der Periode der beiden Weltkriege so nicht mehr erhoben worden sind, und dass diese Ansprüche mit einer Mischung aus »tausendjährigen« Reichstraditionen und religiösen oder kulturellen Superioritätserklärungen begründet, zugleich aber mit den modernsten Mitteln von Propaganda und Desinformation, Zensur und Terror, Obstruktion und Subversion, Krieg und Bürgerkrieg verfochten werden.

Die als Sicherheitsinteressen verkleideten russischen Hegemonialansprüche gewinnen direkten Anschluss an eine tiefverwurzelte deutsche Russlandfixierung, die mehr oder weniger alles, was zwischen Berlin und Moskau lag und liegt, in der Terminologie der Weimarer Zeit als ein unbestimmtes »Zwischeneuropa« und von den westlichen Siegermächten diktierten, künstlichen »Cordon sanitaire« fasste – statt als Lebensort freier, souveräner Völker und Staaten mit eigenen Sicherheitsinteressen und eigener Sprache und Kultur. Wie sich etwa 1981 bei der Verhängung des Kriegsrechts in Polen erwies, gehörten diese Gebiete in den Augen einiger Architekten der bundesdeutschen Entspannungspolitik (wie etwa Egon Bahr) ein für allemal zu jener Zone beschränkter Souveränität, die die Moskauer Führung nach dem Einmarsch in Prag 1968 in einer regelrechten »Breschnew-Doktrin« als ihre Sicherheits- und Einflusszone reklamiert hatte – einschließlich des Rechts, dort »Ruhe zu schaffen«.

1989 zeigte sich, dass diese Hegemonialdoktrinen und Sicherheitsarchitekturen allesamt auf Sand gebaut waren – erstens, weil sie die Rechnung ohne den Wirt, nämlich die Menschen dieser ostmitteleuropäischen Welt, gemacht hatten, und zweitens, weil das Moskauer Machtzentrum seine westlichen Vasallenstaaten in Wirklichkeit schon längst nicht mehr kontrollieren und dirigieren konnte. Und wie sich 1990 / 1991 herausstellte, vermochte es auch die übrigen Republiken der UDSSR nicht mehr zu administrieren und zu dirigieren: Eine nach der anderen trennten sie sich ab und bildeten eigene Staatswesen aus. Die sich auflösende Sowjetunion war ein weit überdehnter, von keiner gemeinsamen zivilisatorischen Mission und bindenden Ideologie mehr zusammengehaltener, anachronistischer Staatsmoloch, ein Koloss auf tönernen Füßen.

Heute nun also soll dieser Golem aus »Russischer Welt« *(russkij mir)* als einer weit gezogenen Sprach- und Kulturgrenze und einer »Eurasischen Union« als politischer und wirtschaftlicher Klammer neu geformt und zusammengefügt werden – ein in seinem hegemonialen und imperialen Design noch anachronistischeres Projekt, mit dem Russland sich, wie zu Zeiten der UDSSR, abermals selbst ruinieren wird.

Die heutige Russische Föderation ist, auch nachdem sie sich als Macht- und Territorialstaat konsolidiert hat, noch immer nur ein Staatswesen mit einem Sozialprodukt von der Größe Frankreichs oder Brasiliens, das zum übergroßen Teil aus Energie- und Rohstoffexporten generiert wird sowie aus Rüstungsgütern als dem zweiten Hauptexportgut – kein »Obervolta mit Raketen«, wie Helmut Schmidt die alte Sowjetunion einmal sehr überspitzt genannt hat, sondern eher eine Art gigantisches Scheichtum mit Raketen und Flugzeuggeschwadern, Panzerarmeen und Spezialtruppen sowie einer Kriegsflotte, die von Wladiwostok, Sewastopol, Murmansk und von Baltijsk (Kaliningrad) aus wieder alle Weltmeere befährt. Russland hat sich in der Ära Putins bis tief in die Gesellschaft hinein remilitarisiert, nicht zuletzt in Form paramilitärischer, von Reservisten geführter Verbände, die jetzt, analog zu den deutschen Freikorps in Oberschlesien Anno 1921, das Rückgrat der Donbass-Verteidiger bzw. Neurussland-Eroberer bilden.

Aber von wenigen Ausnahmen abgesehen, ist es Russland nicht gelungen, eine eigene zivile Industriebasis mit den dazugehörigen technologischen und wissenschaftlichen Ressourcen zu erhalten oder neu zu begründen. Dem Land fehlt es an Kräften und Kompetenzen, um seine unermessliche Fläche zu bewirtschaften und zu erschließen. Darin unterscheidet es sich fundamental von der zweiten Hauptmacht des ehemaligen Weltkommunismus, der Volksrepublik China, an die Putin sein Reich unter dem Druck der westlichen Sanktionen jetzt durch einen vermeintlich triumphalen, womöglich aber potentiell ruinösen Pipeline-Vertrag angekoppelt hat. Wenn Russland von irgendeiner Seite in seinem Bestand gefährdet ist, dann von einem schleichenden *friendly takeover* durch China.

Denn Russland schrumpft – und keineswegs nur an seiner nördlichen oder östlichen Peripherie, sondern mitten in seinen Zentralprovinzen; Zehntausende Dörfer liegen verlassen, Tausende ländliche Mittelpunktorte oder industrielle »Monostädte« veröden. Seine Bevölkerungszahl sinkt rapide. Der Bevölkerungsschwund resultiert aus einer niedrigen Geburtenrate, einer massiven Abwanderung gerade der jüngeren, gebildeten, städtischen Schichten (eine Million allein im ersten Jahrzehnt des neuen Jahrtausends), vor allem aber aus einer fast auf afrikanischem Niveau stagnierenden Lebenserwartung der Männer, die kaum mehr als sechzig Jahre beträgt.

In der massiv deformierten Bevölkerungspyramide des heutigen Russland spiegeln sich aber nicht nur die aktuellen sozialökonomischen Defizite, sondern noch immer die Katastrophen der jüngeren Geschichte, die sich in einer kaum zu ergründenden Weise auch in den Menschen abgelagert haben. Schon der erste Zyklus von Krieg und Revolution, Bürgerkrieg und Hunger zwischen 1914 und 1922 hatte einen Bevölkerungstribut von 14,5 Millionen gefordert, vor allem an jungen Männern. Der zweite Zyklus von Kollektivierung, Hungersnot, Sklavenarbeit und Großem Terror von 1929 bis 1939 hat noch einmal über 10 Millionen Menschen das Leben gekostet. Und dazu kamen schließlich die 20 bis 30 Millionen Toten des Zweiten Weltkriegs, von denen ein Teil (aber darüber ist es heute unter Strafe verboten zu sprechen) ebenfalls direkt oder indirekt auf das Konto des eigenen Regimes gerechnet werden müssen: vom Spiel mit den Weltmachtambitionen Hitlers 1939 über den verbrecherischen Leichtsinn Stalins im Jahr 1941 bis zum verschwenderischen Umgang mit dem eigenen Soldaten- und Menschen»material« – was die Verbrechen des deutschen Vernichtungskriegs im Osten, vor allem in der Ukraine und in Weißrussland, um nichts geringer, nur noch schlimmer macht.

Man muss vielleicht Swetlana Alexijewitschs wie zu einem antiken Schicksalschor sich fügenden, nur mit Scheu erzählten Lebensberichten weißrussischer und russischer Männer und Frauen, ganz alter und sehr junger, zuhören, die sie in ihrem letzten Buch, *Secondhand-Zeit*, versammelt hat, um die Tiefe der Verstörungen zu erahnen, die die beispiellose Folge von Krieg und Bürgerkrieg, Hunger, Terror und wieder Krieg, kurzum: die sowjetische Geschichte des 20. Jahrhunderts, in den Gemütern der Menschen hinterlassen hat. Alte Männer rühmen die eiserne Faust Stalins, der alle inneren Feinde vernichtet und das Land gerettet habe – und berichten dann unvermittelt, wie sie selbst durch die Mühle stalinistischer Folterungen, Entwürdigungen und Zerstörungen gedreht worden sind und »alles gestanden« haben. Jüngere Intellektuelle, die als Anhänger Gorbatschows im Rausch der Perestroika sich von der Luft und der geistigen Spannung der Zeit genährt und 1991 auf den Barrikaden in Moskau gestanden haben, um die Panzer aufzuhalten, schauen als unglückliche, dabei nicht einmal erfolglose Businessleute mit einer Art zynischer Wehmut auf ihre damalige Naivität zurück.

Damals, als sich im ganzen Land die Massengräber öffneten und viele ins Vergessen gestoßene oder physisch vernichtete Schöpfer und Sterne der russischen Literatur und Künste, Wissenschaften und Politik nacheinander »rehabilitiert«, ihre beschlagnahmten Texte und Bilder wieder gedruckt und ausgestellt wurden, als der ungeheure geistige Reichtum dieses Imperiums (nicht nur seiner russischen Teile) wieder zu Tage trat – damals haben viele Angehörige der Intelligenzija leidenschaftlich versucht zu verstehen, was Russland und die ganze Sowjetunion sich in diesem Jahrhundert selbst angetan haben, und sind daran irre geworden. Nicht wenige haben sogar diesen kurzen, zaghaften Versuch einer kritischen Revision ihrer Geschichte und der eigenen Biographie bereut, als das »Große Land«, die Sowjetunion, die nun einmal ihre Lebenswelt gewesen war, in der Ära Jelzin zusammenbrach und mit ihr auch die bescheidenen materiellen Sicherheiten und Ersparnisse verschwanden, die angesichts der plötzlich hereingebrochenen kapitalistischen Raubwirtschaft doch etwas von »sozialistischen Errungenschaften« zu haben schienen.

Und zu diesem neuen Kataklysmus kam es, wie schon im Jahr 1917, abermals von innen, diesmal sogar ohne äußere Feinde, mitten im Frieden. Und gerade das war für viele, vielleicht die meisten, kaum zu verstehen und als bloßer Gedanke unerträglich. Und so wurden schon damals, in den frühen 1990er Jahren, eine Unmasse trüber Verschwörungstheorien und manischer Zwangsgedanken nach oben gespült. Jetzt sind sie offenbar im Zentrum der Macht, bei den Chefideologen, Präsidentenberatern, Kremlsprechern und ihren entfesselten Propagandisten angekommen.

Mit seiner vielzitierten, bewusst vieldeutigen Formel von der »größten geopolitischen Katastrophe des 20. Jahrhunderts« hat Wladimir Putin sicherlich einen tiefen Akkord in den zerrissenen Seelen seiner Untertanen angeschlagen. Schon damals, in der Antrittsrede nach seiner ersten Wiederwahl 2005, ging es ihm darum, »die Epidemie des Zerfalls Russlands« zu stoppen und den Pfad der »tausendjährigen Geschichte seiner Staatlichkeit« wieder aufzunehmen. Dasselbe Thema hat er, eher noch dramatischer, in seiner Antrittsrede nach der Wiederwahl 2012 variiert, als er eindringlich warnte, Russland müsse aufpassen, »sich nicht selbst zu verlieren«, und deshalb zu den »traditionellen Werten« seiner Geschichte zurückkehren.

Was aber sind die »traditionellen Werte« dieser Geschichte? Putin selbst hat sich seit einigen Jahren an die Spitze des Versuchs gestellt, mittels symbolischer Gesten und knapper Bemerkungen sowie mit Hilfe ganzer Stäbe teils zynisch-demagogischer, teils gläubig-fanatischer Ideologiedesigner an einer neuen, großen, hyperpatriotischen Staatserzählung zu arbeiten. In ihr soll alles, was in der realen Geschichte Russlands und seines 1917 zusammengestürzten und von den Bolschewiki wiederaufgerichteten Imperiums so total und so mörderisch wie nur möglich getrennt gewesen ist, zusammengenäht und miteinander gepaart werden: der Zar und Stalin, die Kirche und die Geheimpolizei, die weißen Generäle und die roten Kommissare, die namenlosen Opfer des Terrors und ihre willigen Exekutoren. Einen Historiker kann es angesichts dieser Plastinaten gleichenden, artifiziellen Figurenarrangements nur schaudern. Aber sie bilden ein mentales und zugleich auch ein reales Symptom ab, das man gar nicht ernst genug nehmen kann: eine innere Leere, räumlich und historisch, ideologisch und politisch. Eine fundamentale Verunsicherung.

Genau hier setzt auf eine merkwürdige und vieldeutige Weise an, was ich einen deutschen »Russland-Komplex«, eine historisch tief verankerte, eher untergründig wirksame als vordergründig sichtbare Fixierung auf Russland nenne. In ihrer Ambivalenz von Furcht und Faszination vereint sie sogar die vermeintlichen »Russland-Versteher« und die entschiedenen Putin-Verächter.

Das beginnt mit der notorischen Fixierung auf die Person des Kremlherrn. Dass das russische Volk von jeher starke Herrscher brauche und unterstütze und diese somit auch das Volk repräsentierten, kann man eben – wie jedes der hergebrachten Klischees über Russland – kritisch oder affirmativ sehen. Gewiss entspricht dies in vielem dem Bild, das die Russen von sich selbst haben: Dass man Russland nicht mit dem Verstand, sondern nur mit der Seele erfassen könne usw. Das ist Teil eines ewigen Spiels russischer Selbstfaszinationen, das wiederum die deutschen Russlandfaszinationen immer wieder befeuert hat. Der ruhmlose Abgang Gorbatschows und das Ende seiner Pläne eines großen, aufgeklärten, organisierten »Umbaus« des östlichen Reichs hat die Deutschen in Ost und West auf dem falschen Fuß erwischt. Gorbatschow, so waren sie überzeugt, hatte die deutsche Einheit und den Fall der Mauer, die atomare Abrüstung, den Abzug seiner Armeen aus Afghanistan wie aus Mitteleuropa sowie die Auflösung des Warschauer Paktes ganz aus eigenem, freiem Wunsch ermöglicht und großzügig gestaltet. Dass ihm der erhoffte »Umbau« seines anachronistischen Imperiums durch demokratische und nationale Volksbewegungen von unten (in Polen und der DDR, im Baltikum und Georgien) aus dem Ruder gelaufen war und dass alle seine Versuche, mit halbherzigen militärischen Interventionen und mit noch halbherzigeren demokratischen und wirtschaftlichen Reformen wenigstens die UDSSR selbst als Gesamtstaat zu erhalten, ganz einfach gescheitert waren – das ist in großen Teilen der deutschen Öffentlichkeit bis heute nicht angekommen.

Wenn also die Deutschen Gorbatschow wie keinen fremden Staatschef zuvor und seither verehrt haben (nicht einmal Kennedy, und auch nicht Obama), dann exakt aus den Gründen, für die er im heutigen Russland so verhasst ist wie kein anderer seiner Vorgänger, während Stalin wieder ganz oben rangiert. Aber selbst in diesem tragikomischen deutsch-russischen Missverständnis, die historische Rolle Gorbatschows betreffend, gibt es noch eine merkwürdige Konkordanz. Russen wie Deutsche huldigen nämlich der Legende, ihm sei damals von Kohl oder Genscher versprochen worden, dass die NATO nicht vorrücken werde, wenn die sowjetische Armee sich zurückziehe – eine Zusage, die sich natürlich nur auf das Territorium der vormaligen DDR beziehen konnte. Diese Vorstellung ist als solche schon so aberwitzig wie bezeichnend: Ein deutscher Kanzler hätte als Preis der deutschen Einheit also per Handschlag dem Generalsekretär der KPDSU versprechen sollen, dass die gerade unabhängig gewordenen Staaten des östlichen Europa, wie die drei 1940 annektierten baltischen Republiken oder wie das 1939 zwischen Hitler und Stalin aufgeteilte Polen, in der Wahl ihrer Bündnisse keinesfalls frei sein dürften?

In dieser hartnäckigen Legende treffen sich nicht nur die deutschen und die russischen Vorstellungen einer von Washington orchestrierten militärischen »Einkreisung« und systematischen Schwächung des einstigen weltpolitischen Antagonisten – als dem vermeintlichen Kernstück einer amerikanischen Weltbeherrschungspolitik, nach deren Pfeife das vereinigte Deutschland wie ganz Europa tanzen müsse, während Russland und Putin mutig dagegenhalten. Noch problematischer ist vielleicht der andere Teil dieser deutsch-russischen Konkordanz: nämlich dass die Linie, die die legitime Einfluss- und Sicherheitszone Russlands umschreibt, ungefähr dort liegt, wo Stalin und Ribbentrop im August 1939 einen fetten Strich quer über die Landkarte des östlichen Europa gezogen haben oder wo 1914 das Deutsche und das Russische Reich aneinandergrenzten.

Diese Vorstellung rührt wiederum an einen Kern oder Nerv der deutschen »Vergangenheitsbewältigung« und der daraus geformten mentalen Prägungen. Sehr verkürzt gesagt, verdichtet das deutsche kulturelle Gedächtnis, was die nationalsozialistischen Eroberungs-, Versklavungs- und Vernichtungsfeldzüge betrifft, sich in drei zentralen Chiffren: »Auschwitz«, »Stalingrad« und »Dresden«. Jede enthält eine problematische Verkürzung, die sie überhaupt erst kommensurabel macht.

»Auschwitz« steht für den Mord an den europäischen Juden, dort wo er gerade noch die Grenzen des Vorstellbaren streifte. Dass ein großer Teil der ermordeten Juden Osteuropas (wie auch Millionen von nichtjüdischen Zivilisten, Rotarmisten oder Partisanen) schon früher und viel weiter östlich, im Baltikum, in Weißrussland oder in der Ukraine, umkamen und nicht in Lagern oder Gaskammern, sondern durch einen mehr oder weniger gewollten oder in Kauf genommenen Hungertod im Ghetto, auf dem nackten Erdboden, durch Massenerschießungen, jedenfalls auf eine viel direktere und spurlosere Weise, als die »Auschwitz«-Metapher es suggeriert, diese Tatsache verschwindet dahinter allzu leicht.

»Dresden« steht für den alliierten Luft- und Bombenkrieg, der sich wie ein metaphysisches Strafgericht eingebrannt hat. So konkret die Zerstörungen und Verluste waren, so abstrakt und unerreichbar wirkte dieser übers Meer anfliegende Feind – und hat im deutschen Zivilbewusstsein, jedenfalls dem der Kriegsgeneration, eine eigentümliche Mischung aus bereitwilliger Unterwerfung und untergründigem Ressentiment hinterlassen.

»Stalingrad« dagegen steht für die tiefste, über die Generationengrenzen hinweg tradierte Weltkriegserfahrung der Deutschen: eben den »Russlandfeldzug« – eine epochale Niederlage also. Der eigentliche Weltkrieg begann für die Deutschen ja auch tatsächlich erst 1941, nicht 1939. Bis dahin war alles noch Blitzkrieg und Kraft durch Freude, mit polnischen Gänsen und französischen Nylons. So beginnt auch der mit viel pyrotechnischem Aufwand und publizistischer Begleitmusik produzierte Dreiteiler *Unsere Mütter, unsere Väter* ebenfalls erst 1941; seine unwahrscheinlichen Protagonisten, eine deutsch-jüdische Swing-Jugend von 1940, gehen durch eine Hölle, in der sie es außer mit geilen und brutalen SS-Leuten und mit antisemitischen polnischen Partisanen vor allem mit tellurischen Gegnern von Format zu tun bekommen, mit russischen Rotarmisten, die ohne Rücksicht auf Verluste mit »Urrah« kämpfen und den Deutschen, soweit sie noch am Leben sind, Demut beibringen. Dass *Unsere Mütter, unsere Väter* sich alles in allem eigentlich recht anständig halten, passt dazu.

Aber auch wenn wir im Niveau höher greifen, also zum Beispiel die 1995 eröffnete, aufwühlende Ausstellung *Vernichtungskrieg. Verbrechen der Wehrmacht 1941–1944* zitieren, stoßen wir auf dieselbe Verkürzung der Perspektive. Dass das Bombardement Warschaus im September 1939 schon ebenso viele Menschenleben gefordert hat wie Jahre später Dresden und dass die Niederschlagung des Warschauer Aufstands 1944 so viele Opfer gekostet hat wie Hiroshima und Nagasaki zusammen; dass in den Ghettos, Lagern und Gefängnissen des zerteilten und als Staat annihilierten Polen der »Vernichtungskrieg« 1939/1940 längst begonnen hatte, bleibt außer Betracht, genau wie die parallelen Vernichtungs- und Entvölkerungsaktionen im sowjetischen Teil des ehemaligen Ostpolen. Dass die furchtbarsten Stätten der Vernichtung und Versklavung durch die Nazis, wie zuvor schon der stalinistischen Politiken der Aushungerung und des Massenterrors, in den baltischen Republiken, in Weißrussland und in der Ukraine lagen, jenen *Bloodlands*, von denen Timothy Snyder in seinem gleichnamigen Buch gesprochen hat, ist im deutschen Durchschnittsbewusstsein nicht zufällig ausgeblendet. Alle Massenverbrechen, die »im Osten« im deutschen Namen und von Deutschen begangen worden sind, werden vielmehr moralisch und politisch einem mythischen »Russland« aufs Opfer- und Leidenskonto gesetzt – genau so, wie Putin das für sich und sein Restimperium reklamiert. Nur so ist es überhaupt möglich, eine Politik der offenen Aggression und territorialen Expansion wie gegen die Ukraine – und vielleicht morgen gegen Estland oder Lettland – unter dem Banner des »Kampfs gegen den Faschismus« zu führen. Erstaunlich viele Deutsche sind bereit, ihn dabei »zu verstehen«.

JURKO PROCHASKO

Der Angriff auf Mitteleuropa

Sonst war's ja immer anders herum. Noch bis vor kurzem war es immer Mitteleuropa, das unbedingt Europa sein wollte. Nun ist es zum ersten Mal anders. Europa möchte am liebsten das sein, was Mitteleuropa immer, wenn auch zuweilen verschämt, für sich reklamierte: unentbehrlich, aber unauffällig. Wichtig, aber nicht gewichtig, wichtigtuerisch schon gar nicht. Aber vor allem möchte es eins: Macht ausüben, ohne Großmacht zu sein. Das barg gewisse Vorteile: Man brauchte keine Entscheidungen zu treffen, keine Verantwortung zu tragen. Klage und Vision waren die Domäne Mitteleuropas. Insgeheim getragen von der Überzeugung, europäischer als Europa zu sein.

Europa sträubt sich dieser Tage mit letzter Kraft dagegen, das zu sein, wozu es sich einmal berufen glaubte: eine Wertegemeinschaft, die als solche zwischen widersprüchlichen Interessen vermitteln, Pluralität, Freiheit und Schutz des Schwächeren gewährleisten kann. Aber nun: bloß keine Mission, bloß keine Vision. Nur nicht Profil zeigen, Entschlossenheit ausstrahlen, Klartext reden und Putins Vorgehen verurteilen. Man könnte sich ja irren in seinem Urteil. Man könnte ja durch den Entschluss, die Dinge beim Namen zu nennen, eine weitere Eskalation des Konflikts provozieren. Dieses Verharren im Schwanken und Abwarten muss etwas mit der Weigerung zu tun haben, sich auf eine Identität zu verpflichten. Dass die obsessive Vermeidung, sich festzulegen, heute zur *conditio humana* im Westen gehört, hat seinen Grund in der historischen Erfahrung: dass die Logik der Identität zu Ausgrenzung führt und in letzter politischer Konsequenz in einen Totalitarismus münden kann.

In den früheren Ländern Mitteleuropas, die sich nach dem Zweiten Weltkrieg in der östlichen Hemisphäre wiederfanden, hegte man jahrzehntelang die Hoffnung, es sei das »eigentliche«, das westliche Europa, das klare Definitionen und Entscheidungen generieren und durchsetzen könne. Nun hat sich gezeigt, dass dieses Europa von heute genauso diffus und fragmentiert ist wie das Mitteleuropa von einst, dessen Fluidum Unbestimmtheit, Ambiguität, der Eros des Ungefähren war.

Je älter ich werde, desto weniger Unterschiede sehe ich zwischen der Idee Mitteleuropa und der Idee Europa. Ist denn für die Idee von Europa nicht längst selbstverständlich geworden, was lange nur für Mitteleuropa galt: Pluralität, Toleranz, Solidarität? Als Europa noch gleichbedeutend war mit Westeuropa, mit »dem Westen« schlechthin, gab es eine Sphäre des »Dazwischen«. Seit der Osterweiterung der Europäischen Union, seit die früheren Länder Mitteleuropas, Kunderas »gekidnappter Westen«, aus dem sowjetischen Machtbereich »nach Europa heimgekehrt« sind, liegen andere europäische Länder in dieser Sphäre: die Ukraine, Weißrussland, Moldawien, Georgien.

Zwischen den USA als Teil des Westens und Putin-Russland, das sich explizit nicht als Teil Europas definiert und darauf seine Identitäts- und Selbstbehauptungsstrategie aufbaut, findet sich heute die Europäische Union als neue Sphäre des »Dazwischen«.

In dieser Konstellation öffnet sich ein wunderbarer Verständigungshorizont zwischen Europa überhaupt und Mitteleuropa. Denn längst ist in Mitteleuropa das angekommen, was die Essenz der europäischen Idee ausmacht: liberale Demokratie, Rechtsstaatlichkeit, Gewaltenteilung, Menschen- und Minderheitenrechte.

Mitteleuropa ist kategorial unverträglich mit Großmachtideen, Diktatur und Vereinheitlichung. Sobald es Teil einer übergeordneten Großmacht wird, hört Mitteleuropa auf zu bestehen. Mitteleuropa: Das ist lebendige Vielfalt und Toleranz und das internalisierte Wissen um die essentielle Wichtigkeit dieser Qualitäten.

Lange habe ich mich bemüht, das ukrainische Ostgalizien als Teil Mitteleuropas zu ergründen. Es sollte eine Brücke aus

Papier sein. Gedächtnisbrücke. Luftbrücke. Landbrücke. Landungsbrücke. Nun, nach dem Maidan, erweitert sich das mitteleuropäische Territorium – und zwar nicht von Ostgalizien ausgehend, sondern von Kiew – auf das gesamte ukrainische Gebiet. Geographisch lässt sich das ganz und gar nicht rechtfertigen. Seinem innersten Wesen nach aber durchaus. Heute ist die gesamte Ukraine ihrer Idee und ihrer Praxis nach Mitteleuropa im innigsten Sinne dieser Bedeutung.

Was zurzeit in der Ukraine geschieht, ist nicht weniger als das: ein Versuch, die Beschaffenheit Mitteleuropas auf das ganze Land auszudehnen. Die Werte und die Vorstellungen davon, was Mitteleuropa ist, haben sich von Galizien, der Bukowina oder Transkarpatien auf die gesamte Ukraine erweitert. Wir sind Mitteleuropa. Wir sind eine vielfältige Gesellschaft – durch und durch mitteleuropäisch. Der Euromaidan war auch eine polyphone und pluralistische Revolution. Es ging weder um Ethnien noch um Religionen, noch um Sprachen, auch nicht um die Frage nach einer ukrainischen »Leitkultur«. Im Zentrum stand vielmehr die Frage, wie wir in unserer Vielfalt, mit unseren verschiedenen Sprachen und historischen Prägungen, unseren unzähligen Familiengeschichten gemeinsam eine vernünftige, solidarische Gesellschaft aufbauen können, in der wir alle leben wollen.

Was Russlands Propaganda und Russlands offizielle Politik zurzeit betreiben, ist nichts anderes als ein Angriff auf die Idee Mitteleuropa und ihre Praxis in der Ukraine und damit auf Europa in der Ukraine.

Putin prüft derzeit, was die menschliche Welt im Innersten zusammenhält. Ob nicht ganz primitive Elemente den Zusammenhalt einer Gemeinschaft garantieren: Angst, Neid, Hass, Gewalt, Überlegenheit, gut kalkulierter Egoismus? Im Grunde könnte man seine Haltung als kulturpessimistisch, ihn selbst als vulgären Freudianer bezeichnen, wenn sie nicht so eigennützig und manipulativ wäre. Dass sich dieser Eigennutz am Ende als Selbstzerstörung, der vermeintliche Eros als Thanatos entpuppt, tut nichts zur Sache. Wichtiger ist zu verstehen, dass es sich um den alten, epischen Kampf zwischen Humanismus und Zynismus handelt.

Mit Zynismus meine ich nicht die Gewissheit, man habe ergründet, was die Menschen antreibt, und illusionslos Gier, Habsucht, Machtverlangen, Dominanzlust entdeckt; dass alle käuflich, verdorben, korrupt sind. Das ist nur der halbe Zynismus. Der vollendete Zynismus besteht in der Überzeugung, dass alles, was über das Primitive im Menschen hinausgeht, etwas Gestelltes, Geheucheltes, Gespieltes sei. Nicht bloß die Wahrheit des Primitiven ist alleingültig und alleinherrschend, sondern auch die Unwahrheit des Komplizierten ist allgegenwärtig.

Mit der Metapher der Abwehrmechanismen lässt es sich vielleicht besser verstehen: Es gibt Situationen, in denen sich die primitiven, psychotischen, archaischen Kräfte gegenüber den reifen als weitaus effizienter erweisen.

Entschiedener noch als die Orange Revolution war der Maidan der Versuch, eine moderne, offene und aktive Zivilgesellschaft zu etablieren. Die Orange Revolution war die Geburtsstunde der ukrainischen Zivilgesellschaft, der Euromaidan ist ihr Reifezeugnis.

In der Ukraine entsteht eine politische Nation, die sich als multikulturell, multiethnisch und multikonfessionell versteht. Unter dem Druck der russischen Aggression wächst ein nichtnationalistischer Patriotismus, der auf der Einheit der Ukraine besteht. Es hat etwas Tragisches, dass neben der ukrainischen Armee auch Freiwilligenbataillone im Donbass kämpfen, Menschen, die dort ihren Maidan verteidigen und den Kampf gegen die von Russland unterstützten »Separatisten« als Verteidigung der Euro-Revolution verstehen. Sie werden unterstützt von Tausenden von zivilgesellschaftlichen Freiwilligen, den »Volontären«, die Hilfslieferungen organisieren, Soldaten mit Medikamenten und Kleidung versorgen und sich im Übrigen um die mehr als 900 000 Binnenflüchtlinge kümmern. Die gewählte neue Regierung ist mit der radikalen Reform aller staatlichen Institutionen überfordert; zu verrottet sind die Strukturen, die das Janukowytsch-Regime hinterlassen hat. Was wir heute in der Ukraine erleben, ist eine gewaltige Mobilisierung der Bürger, die sich füreinander verantwortlich fühlen und ihre Geschicke selbst in die Hand nehmen wollen. Wo, wenn nicht hier, konstituiert sich eine moderne offene Gesellschaft, die sich gemeinsam die Grundlagen schafft, um die Aufgaben für die Zukunft angehen zu können.

Wenn ich in den letzten Monaten etwas mit allem Nachdruck begriffen habe, dann dies: Effiziente Propaganda kommt ohne Ideologie aus, ohne konsistente Ideologie klassischer Prägung. Eine durchgeformte Ideologie (wenn es dergleichen je gegeben hat), eine Weltanschauung sind der heutigen postmodernen Propaganda höchst abträglich. Damit macht sie sich nur kritisierbar, also verwundbar. Denn herkömmliche Ideologien zu dekonstruieren und zu demaskieren gelingt mittlerweile spielend. Noch die fadenscheinigste Ideologie hat sich auf eine gewisse Folgerichtigkeit festgelegt, sie hat sich verpflichtet, ein Versprechen zu halten.

Das Erfolgsgeheimnis der Putinschen Propaganda dürfte gerade ihre ideologische Diffusität sein. Selbst im scheinbar Prinzipiellen sucht man vergebens nach Folgerichtigkeit. Heute wird beispielsweise verkündet, die Kooperation mit dem Westen sei ein Grundstein der russischen Politik, Russland ein unentbehrlicher Teil Europas und seiner Kultur, um schon morgen unbeirrt wissen zu lassen: Russland sei eine ganz andere, eine originäre Zivilisation, mit eigenen Werten und Vorstellungen, etwa von den Menschenrechten. Man lasse sich vom durch und durch verlogenen, korrupten und dekadenten Westen nicht vorschreiben, wie diese Zivilisation sich zu verstehen und wie ihre Politik sich aufzuführen habe. Von Verantwortung, an die appelliert wird, könne nur insofern die Rede sein, als der Westen seine ewige Schuld gegenüber dem ewig gedemütigten Russland reuevoll eingestehen und Abbitte leisten solle. Heute erklärt die Propaganda, Russland als eigenständige Zivilisation sei eine Einheit aus Geschichte, ethnischer Herkunft, Territorium, Sprache, Kultur, Religion und Staat, um schon morgen zu behaupten, es handele sich selbstredend um ein Vielvölkerimperium.

Mal ist die Rede von der Überlegenheit dieser heiligen, völlig eigenständigen Zivilisation, der »Russischen Welt« *(russkij mir)*, um im nächsten Augenblick zu verkünden, diese sei nur eine den anderen ebenbürtige Großzivilisation. Es gehe darum, die Monopolarität der Welt zu verhindern und ihr eine zeitgemäße oder »natürliche« Multipolarität zu garantieren. Diese Inkonsequenz und Polymorphie ist für die derzeitige Kremlpropaganda typisch: Die »Russische Welt« wird gegenüber der in ihren eigenen Widersprüchen restlos verlorenen, von Grund auf verlogenen, gottlosen, säkularisierten, dekadenten und deshalb des Existenzrechts beraubten westlichen Zivilisation als »exklusiv«, als »höher« präsentiert. Sie habe daher nicht nur das Recht, sondern geradezu die Pflicht, die Welt zu erlösen. Es handelt sich um eine Regression, eine Rückbesinnung auf die eschatologische und teleologische Doktrin von Moskau als Drittem Rom.

Mit der gleichen Unbekümmertheit wird die ukrainische Regierung einmal als »Kiewer Junta« gebrandmarkt, um sie im nächsten Augenblick plötzlich wieder »unseren ukrainischen Partner« zu nennen. Diese Beispiele sind Legion. Es handelt sich hier weder um unabgestimmte Verlautbarungen noch um Irrtümer – es ist das Prinzip dieser Propaganda.

In dem Wunsch, dieser Propaganda zu glauben, einem intimen *Wunsch*, einem *Bedürfnis*, ihr zu glauben, treffen sich die sonst so unversöhnlichen Kontrahenten: die westeuropäischen Ultrarechten à la Front National, die ja bekanntlich sogar vom Kreml finanzielle Unterstützung erhalten, und die (scheinbar kapitalismuskritische) Linke in Deutschland; das Regime Viktor Orbáns und der tschechische Präsident Miloš Zeman; der korrupte Patriarch und Populist Silvio Berlusconi und die Architekten der bundesrepublikanischen Entspannungspolitik; große Teile der AfD und Altkanzler Helmut Schmidt, von dem niemand behaupten wird, sein Verständnis für die russische Politik entspringe einem antieuropäischen Ressentiment.

Was bezweckt die Putinsche Propaganda? Handelt es sich um ein Mittel der Konterrevolution, mit dem Ziel, die Ukraine zu destabilisieren, zu schwächen und dadurch zu erpressen? Dafür spricht, dass die russische Regierung einen unerklärten Krieg im Osten des Landes führt und damit den »Beweis« erzwingt, die Ukraine sei schon immer ein zur souveränen Existenz unfähiger *failed state* gewesen. Durch militärische Intervention und Terror führt man Aufstände, Tumulte, Umstürze, Bürgerkrieg herbei, um die Situation zu radikalisieren und das Land zu ruinieren. Indem man die Errungenschaften des Maidan verunglimpft, versucht man die revolutionären Tendenzen im Keim zu ersticken. Dabei ist es sekundär, wen diese Propaganda mehr beeinflussen und beeindrucken will: die Ukrainer, die Bürger der postsowjetischen Anrainerstaaten, denen für immer die Lust auf »farbige Emanzipation« vergehen soll, oder vor allem die eigene Bevölkerung, die glimmende Protestbewegung und die demokratische Opposition in Russland.

Handelt es sich um den Versuch, »den Westen« zu spalten, einzuschüchtern, mit ihm zu konkurrieren? Dafür spricht der spätestens seit der Krim-Annexion unverhohlene Anspruch auf Hegemonie. Wir sind Zeugen eines sich erneuernden Imperialismus, der die Intention verfolgt, eine eigene, ebenbürtige Zivilisation zu konstituieren, die »Russische Welt«, die frei wäre von westlicher Ambivalenz. Geht es darum, die liberale Demokratie in Frage zu stellen? Den Eindruck zu erwecken, es gäbe eine bessere Alternative? »Den Westen« zu unterminieren, indem man ihm und der ganzen Welt seine eigene Schwäche vor Augen führt? Die westliche Dominanz zu beenden? Eine »multipolare Welt« – so die offizielle Formel – zu schaffen?

Besteht das Ziel darin, die Europäische Union als konkurrierendes geopolitisches Projekt, als Grundlage des modernen europäischen Selbstverständnisses zu schwächen? Die Europäische Union von den USA abzuspalten und sie einem rechtsnationalistisch geführten Eurasien »vom Atlantik bis zum Pazifik« einzuverleiben?

Oder verdankt sich dieses Handeln womöglich der Einsicht, dass die Propaganda die nationalistischen und großrussisch-chauvinistischen Dämonen losgelassen hat und jetzt aus Gründen der Selbsterhaltung nichts anderes übrigbleibt, als sie immer krasser zu betreiben? Ist es ein gigantisches Manöver in Richtung Selbstisolierung, weil Russland seinen vollständigen Bankrott, seine Wettbewerbsunfähigkeit und Zukunftsunfähigkeit erkannt hat? Oder zielt das Ganze darauf ab, den Untergang schlechthin heraufzubeschwören?

All das ist möglich. Aber die Frage nach dem Sinn dieses Handelns und warum es so ungeheuer anziehend wirkt, beantwortet es nicht.

Egal, welche Ziele verfolgt werden, es gibt Konstanten: die Verherrlichung von imperialer Größe und Machtfülle, die Großmachtrolle als einzig vorstellbarer Status sowie die Annahme, dass Vielfalt die Macht nicht stärke, sondern schwäche; dass Pluralismus auf ein Eingeständnis der Schwäche hinauslaufe und Toleranz unweigerlich Verfall und Niedergang nach sich ziehe. Schließlich die Auffassung, dass Gewalt »gesünder«, »natürlicher« und »ehrlicher« sei als Nachsicht, authentischer als Empathie. Man brauche sich ihrer nicht zu schämen, man brauche sie nicht zu rechtfertigen. Gewalt legitimiere sich selbst, weil sie in der Natur des Menschen, ergo auch der Gemeinschaften liege. Gleiches gelte für Lügen. In den Beziehungen mit der Außenwelt zu Gewalt und zur Lüge zu greifen könne für eine Großmacht zwingend erforderlich sein.

Kurz gesagt, es ist die Auffassung, dass die primitiven Abwehrmechnismen ursprünglicher, also verlässlicher seien als die reifen. Dass man Ambivalenz nicht nur nicht aushalten könne, sondern dass man sie auch nicht aushalten müsse. Kontrolle garantiere mehr Sicherheit als Offenheit. Der Einzelne sei für sich allein überhaupt nicht fähig zu definieren, was seine wahren Bedürfnisse sind und wie er sie sich erfüllt. Dazu brauche es eine starke, von Zweifeln und Vieldeutigkeiten befreiende Identifikationsinstanz.

Letztlich ist das immer ein Spiel *à la baisse*, ein Appellieren an das Archaische, vermeintlich Ursprünglichere, Tiefere, Wirklichere, Wahrhaftigere. Letztlich sind die Affizierten, Verzauberten und Verführten immer diejenigen, die das Komplizierte, das Ambivalente nicht ertragen wollen oder können. Das vereint sie über alle weltanschaulichen Unterschiede und ideologischen Differenzen hinweg.

Im Grunde geht es nicht darum, wer die Oberhand gewinnt: »Europa« oder »die Russische Welt«, »der Westen« oder »Eurasien« Nicht einmal darum, was sich als zukunftsträchtiger erweist: die liberale Demokratie oder eine effiziente autoritär-charismatische Alternative. Es ist viel fundamentaler: Es geht um das Bedürfnis, in einer auf Freiheit und Friedfertigkeit gründenden Ordnung zu leben, einer Ordnung, die im Notfall die Kraft hat, sich zu verteidigen, aber selbst im Notfall nicht zu einer Gewalt anwendenden Großmacht werden will. Man muss sich entscheiden, was man will: Stärke oder Macht. Kraft oder Gewalt. Humanismus oder Zynismus. Reale Komplexität oder vermeintliche Eindeutigkeit.

Fatal wäre es, so zu tun, als wüsste man, wie es weitergeht. Und es damit gelänge, die Gefolgschaft von Menschen zu mobilisieren, die sich nach Einfachheit, Ordnung und Durchsichtigkeit, nach Struktur und Autorität sehnen, also nach einem autoritären, paternalistischen Modell. Wie die Ereignisse der ersten Tage des Jahres 2015 deutlich zeigen: Diese Gefahr lauert bei weitem nicht nur in den so oder anders gearteten Fundamentalismen, sondern in all den Ängsten vor Offenheit, Komplexität und Ambiguität, die bereits tief in der Mitte der westlichen Gesellschaften um sich greifen.

JULIA KISSINA • KATJA PETROWSKAJA

Unser Kiew – Gespräch mit Katharina Raabe

KATHARINA RAABE: Wir wollen über Kiew sprechen, die Stadt eurer Kindheit und Jugend, die Stadt, in der kürzlich eine Revolution stattgefunden hat. Julia, dein Vater schrieb Stücke und Sketche für Zirkusvorstellungen. »Schon am Morgen ertönte das muntere Klappern seiner ›Erika‹, die schwarz, alt und ungewöhnlich klobig war. Alle Augenblicke klemmte der Schreibwagen. Ihr Klappern aber war einzigartig – es klang wie eine Landmaschine bei der Getreideernte.« Was war er für ein Schriftsteller?

JULIA KISSINA: Ein Leben lang hat er für die Bühne geschrieben, manchmal fürs Fernsehen, am Ende für den Zirkus, was ich sehr aufregend fand. Er wollte immer aus der Reihe fallen, aber wenn man aus der Reihe fällt, wird man nicht bezahlt, und da er eine Familie ernähren musste, waren seine Stücke am Ende brav.

KATHARINA RAABE: Katja, wie erging es deinem Vater? Bei euch zu Hause klapperte auch die Schreibmaschine.

KATJA PETROWSKAJA: Das war eine Olympia, ein Beutegegenstand, noch in den 1950er Jahren gekauft. Diese Schreibmaschine hat mein Leben begleitet. Ich hatte das Gefühl, mein Vater, einer der friedlichsten Menschen, die ich kenne, hat sich mit dem Klappern dieser Maschine vor der Welt geschützt – eine echte Schießerei. Er schoss zurück! Sein Schicksal ist ziemlich tragisch, doch er ist ein glücklicher Mensch. Heute ist er zweiundachtzig und hat erreicht, was er erreichen konnte. Dreimal hat er versucht, an die Uni zu kommen. Er wurde nicht angenommen, obwohl er einer der begabtesten Schüler war. Später hat er doch noch Literaturwissenschaft studiert, hat versucht, Arbeit zu finden, wurde aber nirgendwo angestellt. Meinem Vater erging es wie vielen freiberuflichen Schreibern: Der Staat hat, auch aus Antisemitismus – viele dieser Menschen waren Juden, das stand in unseren Pässen –, dafür gesorgt, dass sie keine Arbeit bekamen, nicht an einer Schule, nicht an der Uni, nirgends.

KATHARINA RAABE: Weil sie Juden waren?

KATJA PETROWSKAJA: Das auch, man kann aber nicht sagen, dass nur das der Grund war oder dass es anderen besser ging. Anderen ging es viel schlechter, weil sie stur Ukrainisch gesprochen haben oder in irgendwelchen Zirkeln waren. Zu arbeiten, um eine Familie zu ernähren, wurde meinem Vater jedenfalls verwehrt. Doch im sowjetischen Staat mussten alle arbeiten. Wenn du keine *trudovaja knižka*, kein Arbeitsbuch, hattest, dann warst du ein *tunejadec*, ein Nichtstuer, asozialer Parasit. Einmal pro Monat kam ein Milizionär zu dir nach Hause und fragte dich nach dem Arbeitsbuch. Es gab sogar ein Gesetz, wenn du nicht arbeitest oder nicht beweisen kannst, dass du arbeitest, darfst du nicht in der Hauptstadt leben. Unter solchen Bedingungen kam mein Bruder zur Welt: dass sein Vater ein *tunejadec* war und jede Sekunde abgeschoben werden konnte. Wenn ich mir vorstelle, dass mein Vater zwanzig Jahre dasaß und nicht wusste, wohin er schreibt; dass er in Kauf genommen hat, dass seine Frau zwei Schichten in der Schule arbeitet – er hatte Glück mit meiner Mutter, die an der Schule ihre Freiheit gefunden hatte, es ging also nicht auf ihre Kosten, aber sie war es, die die Familie ernährt hat – eine ungerechte Konstellation, auch eine explosive … Und dann tauchte Mitte der 1970er Jahre eine Gruppe von schlauen Juden auf, Julias Vater, eine Übersetzerin, eine Dichterin, Leute, die für Zirkus und Theater schrieben, die hatten sich etwas ausgedacht, eine kleine Gewerkschaft für Autoren, die, wie mein Vater, aus irgendwelchen Gründen nicht in den offiziellen Schriftstellerverband aufgenommen wurden. *Profkom Dramaturgov* hieß dieser Verein: Gewerkschaftskomitee der Bühnenautoren.

JULIA KISSINA: Aber ich würde nicht sagen, sie waren schlaue Juden; sie waren besser gelaunte Juden. Sie waren ziemlich optimistisch, dass sie überleben werden, dass sie irgendwas schaffen können, so dass sie nicht verfolgt werden. Diese parallele Organisation war für die Künstler gedacht, die nicht in den Künstlerverband aufgenommen wurden. Ich denke, in jeder Diktatur gibt es Möglichkeiten, zu überleben.

KATJA PETROWSKAJA: Das wäre schön …

JULIA KISSINA: Jedenfalls in unserer vegetarischen Diktatur. Klar, alle wurden irgendwohin abgeschoben, mein Vater zum Beispiel konnte nur in Baku studieren, in Aserbeidschan. Das bedeutete, er musste Aserbeidschanisch lernen, eine Turksprache. Es gab da überall Quoten, wie viel Prozent von welcher Ethnie an einer Fakultät studieren durften, dann aber passte mein Vater nicht zur Quote, und so ist er zum Bildungsminister gegangen. Er hat sich wie Claudius / Polonius bei Shakespeare hinter dem Vorhang versteckt und dort gewartet, und sobald der Minister im Zimmer war, ist mein Vater hinter dem Vorhang hervorgesprungen und hat ihm gesagt: Das ist eine Ungerechtigkeit, hier passiert eine Ungerechtigkeit!

KATJA PETROWSKAJA: Ach Julia, deine Geschichten! Es kann gut sein, dass wegen deines Vaters mein Vater ein Buch über den Zirkus geschrieben hat. Er hatte in dem Buch die Idee, diesen Überlebensstil, der immer clownesk war, mit der tiefsten Mythologie des Zirkus zu verbinden. Dieses kulturwissenschaftliche, anthropologische Buch war in höchstem Maße autobiographisch: ein Mensch in der Mitte des Kreises, der gegen Feuer, gegen wilde Tiere und andere Widrigkeiten kämpft und immer gewinnt. Und wer gewinnt, ist immer ein Clown. Er war mit einigen Zirkus-Clowns und Mimen wie Anatoli Marchevsky bekannt. Dieses Buch hat mein Vater auf Ukrainisch geschrieben, und es wurde nie veröffentlicht.

JULIA KISSINA: Aber das ist ganz normal.

KATJA PETROWSKAJA: Ja, das ist total normal, dass von siebzehn Büchern nur sechs oder sieben veröffentlicht werden.

JULIA KISSINA: Ich finde das gar nicht erstaunlich. Es gab sehr viele geniale Autoren, die nie veröffentlicht wurden. Wenn man ein Künstler ist oder Schriftsteller, muss man bereit sein, in Schlamm und Staub zu verrecken. Wenn man dazu nicht bereit ist, dann braucht man gar nicht erst anzufangen.

KATHARINA RAABE: Ihr seid zur selben Zeit in Kiew in die Schule gegangen. Die Stadt, die du, Julia, in deinem Roman *Frühling auf dem Mond* beschwörst, eine Stadt mit einer vergangenen großen Geschichte, einer Stadt voll unterschiedlicher Menschen, alten polnischen Adligen, Juden, Griechen, Armeniern, Russen …

KATJA PETROWSKAJA: … und sogar Ukrainern! Julias Buch hat mich sehr gefesselt, sie hat etwas formuliert, was viele Menschen wie wir gespürt haben: Kiew, diese schöne Stadt mit ihren unfassbaren menschlichen Landschaften, einer alten Architektur, verwinkelt und mysteriös, diese Stadt verschwindet im Gleichschritt mit unserem Erwachsenwerden. Je älter wir werden, desto luftiger und poröser wird sie. Die Stadt wird abgerissen, wird schrecklich bebaut, die Menschen gehen weg. Mein Kiew war erst ganz zentral, ich bin in der Institutskaja-Straße geboren. Meine Schule stand an einer deutschen Kreuzung, Engels- und Karl-Liebknecht-Straße, und das ist eine meiner Theorien, warum ich auf Deutsch schreibe, dass diese Klänge irgendwie doch funktionieren, diese Klänge der Kindheit, die man irgendwann verstehen und definieren möchte. Und auf einmal waren letztes Jahr alle diese Straßen ständig in den Nachrichten: Institutskaja, Bankowaja, Luteranskaja – das ist die Topographie meiner Kindheit. Ich bin jeden Tag durch die Bankowaja-Straße gegangen, am Parteigebäude der KPDSU und dem unglaublichem Haus mit Chimären von Gorodecki vorbei, diesem Wunder der Bauarchitektur, einem der ersten Betongebäude Europas. Mein Vater hat immer gesagt: Dein Schulweg führt zwischen zwei Chimären-Bauten hindurch, im einen hocken die Chimären draußen, im anderen drinnen.

Ich denke, für jeden Menschen gibt es so etwas wie die Stadt des Traums. Für mich gab es ein himmlisches Kiew. In diesem Kiew lebt Byzanz, der südliche Barock Polens und Italiens, aber auch die Narben der Tataren sind präsent, Jaroslaw der Weise, einer der wichtigsten Kiewer Fürsten. Diese Stadt mit ihren Hügeln, mit diesem unheimlichen Fluss … Als ich zur Schule ging, wohnten wir schon auf der linken Seite des Dnjepr, in der Florenzija-Straße, in einem Schlafbezirk, der erst nach dem Krieg entstanden war. Dass ich in einer »Florenz-Straße« groß geworden bin, hat mich auch sehr beeinflusst: als wäre auch Florenz meine Heimat. Florenz und Provinz – beides. Auf dem Schulweg habe ich jeden Tag das berühmteste Kloster Russlands, vormals der Kiewer Rus, gesehen, die Lawra, das Kiewer Höhlenkloster. Und in der Ferne die Andreaskirche. Sie steht oberhalb der Straße, in der Michail Bulgakow geboren wurde, der Schriftsteller, der wohl eines der wichtigsten mythologischen Bücher über Kiew geschrieben hat: *Die weiße Garde*. Er nennt Kiew stets nur *Gorod*, DIE STADT, großgeschrieben. Gemeint ist die ewige Stadt, ein himmlisches Kiew, das Züge von Jerusalem trägt, eines gefallenen Jerusalems. In diesem Buch steckt der Mythos unserer Kindheit. Doch schon damals, bei Bulgakow, ist diese Stadt verschwunden. Diese Stadt verschwindet immer wieder, aber der Mythos bleibt.

KATHARINA RAABE: »Und unsere Stadt starb viele Male, um danach als eine vollkommen andere wieder aufzuerstehen«, heißt es im *Frühling auf dem Mond.*

JULIA KISSINA: Dieses Kiew, das wir in unseren Köpfen haben, diese imaginäre oder ideale Stadt, hat mit der realen Stadt wenig zu tun. Aber die Mythologie wird von der realen Stadt hervorgebracht. Diese Stadt wird immer wieder in jedem Kopf geboren: in jedem ihrer Bewohner. Ich habe Kiew sehr früh verlassen, gleich nach der Schule. Ich konnte das nicht mehr ertragen, diese Diskrepanz, diese Dissonanz, eine kognitive Dissonanz zwischen der realen Stadt und meinem himmlischen Jerusalem. Wie in jeder kleineren Stadt herrschte in Kiew eine sehr provinzielle Atmosphäre. Jeder kennt jeden, man wird irgendwann klaustrophobisch. Ich dachte, wenn ich noch ein bisschen bleibe, lande ich irgendwann in der Klapse. Ich habe mir eine ideale Stadt gesucht. Wie macht man das? Man fährt aus der realen Stadt raus und bewahrt sie sich damit. Die ideale Stadt schleppt man sein Leben lang in einem imaginären Rucksack mit sich herum. Wie eine Schnecke ihr Haus, so schleppen wir ganze Städte auf unserem Rücken, wir sind richtige Megaschnecken. Diese Stadt habe ich immer mitgenommen: nach Rom, nach Berlin …

KATHARINA RAABE: Da war aber nur Kiew drin, nicht Moskau?

JULIA KISSINA: Interessant, Moskau war auch im Rucksack. Stadt großgeschrieben ist natürlich ersetzbar, das ist der Inbegriff einer Stadt, das kann, wie in unserer Kindheit,

Kiew sein. Dieses Kiew war für uns Rom, es war für uns Paris, es war …

KATJA PETROWSKAJA: … Konstantinopel …

JULIA KISSINA: … Konstantinopel …

KATJA PETROWSKAJA: … und auch Moskau …

JULIA KISSINA: … und Moskau. Die waren sehr stolz, sie wurden als drittes Rom bezeichnet. Aber eigentlich waren wir das! Wir waren ein bisschen arrogant, denn Kiew war die erste russische Stadt. Noch bevor das Christentum angenommen wurde, waren die Chasaren da, die Schweden. Wo heute das älteste Kloster liegt, wurden alte Gräber gefunden, Spuren nordischer Völker, Grabbeigaben. In jener Zeit war die Stadt ein *melting pot* …

KATJA PETROWSKAJA: … ganz ungewöhnlich für russische Städte, denn fast alle russischen Städte, die wir jetzt russische Städte nennen, sind erst in christlicher Zeit entstanden. Kiew aber kannte den Widerspruch, diesen Kampf zwischen vorchristlicher Zeit und christlicher Zeit. Alle diese Hexen, alle diese mystischen Gestalten! Der Flug mit Margarita, dieser Hexenflug aus Bulgakows *Meister und Margarita*, dieser Flug stammt nicht aus Moskau, sondern aus Kiew.

JULIA KISSINA: Das ist eine Anspielung auf Gogol.

KATJA PETROWSKAJA: Ja, natürlich, aber die Topographie, die Konstellation, stammt aus Kiew. Und übrigens, woher stammt Gogol?

KATHARINA RAABE: Ihr seid beide erst sechzehn gewesen, als ihr aus Kiew weggegangen seid. Was hat euch fortgetrieben?

KATJA PETROWSKAJA: Bei mir war es der Widerspruch zwischen meinem geliebten Kiew und dem Kiew des Kleinbürgertums. Kiew war auch eine Sumpfstadt, und dieses Kiew haben wir gehasst. Wir wussten, in Moskau, in Leningrad gab es ein phantastisches kulturelles Leben, all diese unglaublichen Künstler, diese Bewegungen, diesen Widerstand, dort gab es einfach tolle Menschen. Die Sowjetunion war ja wie Frankreich ein zentralistischer Staat, und wenn man was machen wollte, in Physik, in Literatur, im Ballett, musste man nach Moskau. Es gab Freaks, die nach Leningrad gegangen sind. Aber die Gründe, die für Moskau sprachen, waren, neben der romantischen Anziehung, pragmatischer Art. In Moskau gab es die beste Ausbildung, viel mehr Möglichkeiten für die persönliche Entwicklung. Kiew hat die Leute ausgespuckt und ausgeworfen mit einer unglaublichen Drachenwucht, mit einer Drachensüchtigkeit, das war wirklich ein Drache, der die eigenen Kinder nicht frisst, sondern rausschleudert.

JULIA KISSINA: Ich war nie zielstrebig, ich war einfach leichtsinnig und neugierig. Wenn ich jetzt daran denke, was ich damals gemacht habe, wie ich allein durch alle diese Städte gereist bin und auf irgendwelchen Bahnhöfen übernachtet habe.

KATJA PETROWSKAJA: Ich treffe immer noch Männer, die mir sagen: Julia Kissina, damals in Koktebel, du kannst es dir nicht vorstellen, wie sie kam, so eine Schöne, wie konnte sie, alleine! Vielleicht gibt es immer noch Hunderttausende Männer im Kaukasus, die von dir träumen. – Es klingt vielleicht zynisch, aber mir hat Tschernobyl geholfen. Ich war in der 9. Klasse, und meine Eltern haben gesagt: Du gehst weg. Ich war eine der Ersten, die wegen Tschernobyl noch am 1. Mai allein im Zug saßen.

Es gab noch keine Panik, niemand hatte begriffen, was los war. Meine Eltern waren mit vielen Physikern befreundet, und sie haben ganz klar gesagt: weg.

JULIA KISSINA: Dann waren wir im selben Zug!

KATJA PETROWSKAJA: Vielleicht ... Warst du am 1. Mai im Zug?

JULIA KISSINA: Ich war an diesem Tag im Zug und habe erst im Zug erfahren, was passiert ist, und habe es nicht geglaubt. Damals studierte ich schon in Moskau. Ich habe meine Eltern besucht und bin zufällig an diesem Tag zurückgefahren. Wir waren sogar im selben Zug ...

KATJA PETROWSKAJA: Dieser Drang von Kiewer Menschen, Mythen zu bilden! Ja, es war so: Wir saßen in einem Zug ... Mir hat es auf jeden Fall geholfen, diesen Schritt zu tun. Ich habe die Schule in Moskau absolviert und bin dann von dort nach Tartu gegangen. Die Zäsur mit Tschernobyl hat mir geholfen, Kiew zu verlassen. In Kiew zu bleiben und dort zu studieren, diese Aussicht hätte mich wahnsinnig gemacht. Ich wäre erstickt. Wir sind beide russischsprachig, und in Kiew stand diese gepflegte russische Sprache gegen die Vermischung der Sprachen. Wenn du sauber russisch sprichst, gehörst du zu einem kulturellen Milieu ... Männer mit Akzent – ich konnte mir nicht vorstellen, dass ich mich mal in einen Mann verlieben würde, der so unsauber russisch spricht. Ukrainisch sprechen, das ist eine Chance, aber in dieser gemischten Sprache oder mit diesem Akzent, das konnte ich nicht ertragen.

JULIA KISSINA: In Moskau bin ich ziemlich schnell in einem Kreis von inoffiziellen Künstlern gelandet. Das waren phantastische Menschen. Wir haben nicht in Kategorien wie »offiziell«

und »inoffiziell« gedacht, sondern nur, ob es interessant ist, was die Leute machen. Wenn ich heute zurückdenke, stelle ich mir vor, dass es im Paris oder Berlin der Vorkriegszeit oder im New York der 1970er Jahre ähnlich gewesen sein muss: Es herrschte eine sehr dichte intellektuelle Atmosphäre. Ein unglaublicher Denkgenuss. Kreativitätsgenuss. Wir waren alle sehr stark aufgeladen mit verschiedenen Ideen, Gefühlen, Vorahnungen. Bis heute bin ich sehr mit Andrej Monastyrski befreundet, den ich für ein Genie halte. In meinem neuen Buch habe ich einige Momente aus dieser Zeit beschrieben. Das war eine großartige Zeit, eine Aufladung für mein Leben, das wärmt mich immer noch. Ich bin sehr dankbar, dass ich diese genialen Menschen getroffen habe. Darunter waren übrigens auch Verleger. Armeen von freiwilligen Übersetzern haben Sachen übersetzt, die noch nie veröffentlicht waren. Zu Ehren der russischen und sowjetischen Verleger muss gesagt werden, dass an fremdsprachiger Literatur nie Trash veröffentlicht wurde. Wir hatten – abgesehen von der sowjetischen ideologischen Literatur – nur mit gehaltvoller Literatur Umgang. Ein großes Verdienst des Bildungssystems im Sozialismus.

KATJA PETROWSKAJA: Das ist eine der rätselhaftesten Fragen, warum in einer Diktatur ein ganzes Wertesystem Richtung Hochkultur driftet. Unter solchen Verhältnissen ist allen klar, was gut und was schlecht ist. Warum?

KATHARINA RAABE: Ihr lebt beide schon sehr lange in Deutschland. Wie habt ihr von hier aus auf die Maidanproteste in Kiew geschaut? Seid ihr hingefahren? Hattet ihr Freunde unter den Aktivisten?

JULIA KISSINA: Sehr viele Freunde von mir waren dort, fast alle sind hingegangen. Da ich schon lange nicht mehr in Kiew lebe, hatte ich kein Gespür dafür, was eigentlich passiert. Immer wieder habe ich gefragt, worum es geht, was das soll, was da gemeint ist. Ein Freund hat mir eine schöne Antwort gegeben: Das ist, wie aus dem Land zu emigrieren, ohne vom Sofa aufzustehen, ohne aus der Wohnung zu gehen, das ist eine phantastische Art der Emigration aus diesem sowjetischen Russland oder aus der Sowjetunion, die bis jetzt ihre Schatten wirft.

KATHARINA RAABE: Der Maidan war ein Aufstand gegen die letzten Gespenster des Sowjetischen?

JULIA KISSINA: Ja, gegen das Phantom, das ihnen bis jetzt folgt. Alle wollen endlich die Reste des Postsowjetischen loswerden.

KATHARINA RAABE: Katja, du hast dein Buch *Vielleicht Esther* fertig geschrieben, während die Leute auf dem Maidan standen. Du warst öfter dort. Was hattest du für ein Gefühl? Was geschah dort?

KATJA PETROWSKAJA: Der Maidan ist ein sehr merkwürdiger Ort. Er wurde in den 1970er Jahren umgebaut: überall Brunnen und Treppen, man hat alles so eingerichtet, dass es kein Protestplatz werden kann. Die Orange Revolution 2004 und dieser Maidan jetzt – das war schon deshalb die reine Utopie! Dort kann man nicht stehen. Wenn mehr als 500 000 Menschen dort stehen, ohne dass sich jemand verletzt, dann ist das ein unglaublicher zivilisatorischer Akt. Warum die Leute dort standen, ist eine andere Sache. Auslöser war, wie wir alle wissen, dass Janukowytsch anderthalb Jahre daran gearbeitet hat, den Assoziierungsvertrag zu unterschreiben, und ihn dann wegen Putin nicht unterschrieben hat. Damit hat er den Ukrainern ins Gesicht gespuckt. Sie wollten nicht mehr manipuliert werden, sie wollten nicht mehr Sklaven dieser politischen Situation sein. Unter Janukowytsch schien es anfangs fast so zu werden wie in der Breschnew-Epoche: Irgendwann haben die Leute gedacht, sie können diese Politik nicht beeinflussen. Unser Leben ist das eine, die Politik das andere. Wir sind mit unseren Projekten, unserer Arbeit, unserer Familie beschäftigt, und die Politik bleibt draußen. Aber während Janukowytschs Regierungszeit wurden die Verhältnisse zunehmend unerträglich: Man kam nirgendwo an die Uni, ohne viel Geld an irgendwelche Personen zu zahlen. Nirgends wurde operiert, nirgends wurden Kranke behandelt, bevor man nicht bezahlt hatte. Das soziale System ist völlig zusammengebrochen in diesem korrumpierten Staat. Diejenigen, die Geld hatten, um eine Versicherung zu kaufen, kamen noch ein bisschen zurecht, aber die Provinz ... Immer häufiger kam es vor, dass Milizionäre gegen einfache Menschen vorgegangen sind. Der bekannteste Fall war die Vergewaltigung einer Frau im Süden der Ukraine im Sommer 2013. Die Täter, Milizionäre, wurden nicht bestraft. Da ist das halbe Land aufgestanden. Der Maidan war einfach ein Protest gegen die Willkür des Staates, ein Protest gegen die Despotie. Richtig losgegangen ist es, als die Studenten verprügelt wurden. Ich war auch erstaunt über unsere Freunde, gemeinsame Freunde von Julia und mir, die sicher sind, dass in Kiew Nationalisten an der Macht sind und die russische Sprache tatsächlich verboten ist. Mit denen kann man nicht mehr reden. Es gibt berühmte Künstler aus der Ukraine, die auch in Deutschland leben und die einfach verrückt geworden sind über diesem Thema – es ist unheimlich, was jetzt passiert zwischen Freunden.

KATHARINA RAABE: Könnte Kiew ein Zufluchtsort für die Russen werden, die in Putins Reich unglücklich sind?

KATJA PETROWSKAJA: Kiew war schon mehrmals Zufluchtsort für Russen. Auch kurz nach der Oktoberrevolution, als da oben, in Moskau, in Petrograd, schon der Rote Terror losging und Hunger drohte. Über 1918 in Kiew wurden viele Texte geschrieben: Theaterleute, Schriftsteller, Musiker, Professoren, die nach Berlin oder via Konstantinopel nach Paris fuhren, waren zuvor alle in Kiew gewesen, und eines der Leitmotive, eines, das sich in allen diesen Texten findet, lautet: Fahren wir nach Kiew! Hier leiden wir Hunger, und dort gibt es noch Kuchen! Diese Kuchen tauchen oft in den Texten auf. Weil Kiew von den Bolschewiki nicht erobert wurde, ist Charkow Hauptstadt der Sowjetukraine geworden. Kiew ist schuld, dass Charkow zur Stadt der Avantgarde wurde, mit Dziga Vertov, dem Konstruktivismus, der jetzt einmalig in der Welt ist.

JULIA KISSINA: Du erinnerst dich, Katja: In der *Weißen Garde* gibt es eine Episode, wie all die Russen aus Moskau in die Stadt kommen und versuchen zu erräteln, wie man bestimmte Wörter auf Ukrainisch ausspricht. Damals gab es die Künstlerclubs, ChLAM und PRACh, die direkt mit meiner Familie zu tun hatten. Der Großvater meiner Mutter war Manager des PRACh, das zum Theater gehörte, dessen Verwaltungschef er war, es war das Theater von Nikolai Solowzow. Mein Urgroßvater hat sich diesen Club wahrscheinlich sogar ausgedacht, ihn gegründet, ich hatte nie eine Chance, mit ihm zu sprechen. Jedenfalls hat mein Opa mir sein Büro gezeigt, das war so ein wahnsinnig schönes Jugendstilhaus mit einem großen Fenster. Dort arbeitete Vater, hat er zu mir gesagt, hinter diesem halbrunden Fenster. Das muss ganz in der Nähe des Lessja-Ukrainka-Theaters gewesen sein. Ich weiß nicht, ob ich es mir ausgedacht habe oder ob mein Opa es mir erzählt hat, aber sein Vater hatte einen gezähmten Raben, und ich sah ihn immer auf seiner Schulter sitzen, so einen schwarzen Vogel, mit dem man sehr befreundet ist, mit diesem Vogel auf der Schulter arbeitete er dort hinter diesem Bogenfenster.

KATJA PETROWSKAJA: So ist es bei uns.

JULIA KISSINA: So ist es bei uns. Und darum kam plötzlich die ganze Vergangenheit der Familie meiner Mutter wieder hoch. Es war die Zeit, als alle da waren: Wertinski war da, Mandelstam war da, Ehrenburg, Falk, Liwschitz, Alexandra Exter waren da, eine wahnsinnig intensive kurze Zeit, und dann sind alle weggegangen. Kiew ist wie ein Bahnhof: Irgendwann kommen die Engel und Dämonen und singen ihre Chöre, und dann verschwinden sie wieder …

KATJA PETROWSKAJA: … und alle ernähren sich von dieser Anwesenheit noch jahrelang …

JULIA KISSINA: … jahrelang! Bis wieder irgendetwas kommt, eine Lawine, und wieder kommen sie, und dann passiert wieder irgendwas, und sie verschwinden wieder.

KATHARINA RAABE: Im Mai 2014 fand in Kiew eine Konferenz mit europäischen Intellektuellen statt, einberufen von Timothy Snyder und Leon Wieseltier, danach jubelten die Feuilletons: Kiew sei der Ort, an dem man jetzt sein müsse, hier entscheide sich die Zukunft Europas. Dort habe eine Revolution stattgefunden, dort werde 1989 vollendet. Kommt alle, hieß es, geht dorthin, ihr Lehrer, ihr Professoren, ihr Ballett-Tänzer, ihr Musiker, geht nach Kiew, macht etwas, eröffnet Ausstellungen, veranstaltet Workshops, unterstützt soziale Projekte. Würdet ihr euch solch einem Aufruf anschließen?

KATJA PETROWSKAJA: Das ist ein sehr interessanter Aufruf, einfach nach Kiew zu kommen und sich anzuschauen, ob da Projekte entstehen. Das ist für viele Menschen in Moskau tatsächlich eine Hoffnung: Wenn in Kiew etwas entstehen wird, dann wird auch in Russland alles nicht so schlimm werden. Das ist der letzte Versuch, aus diesem sowjetischen Wahnsinn auszusteigen, und deshalb schauen alle so nach Kiew, als wäre es eine Stimmgabel für viele Prozesse, die für Russland auch wichtig sind, weil in Russland gerade alles ziemlich tragisch aussieht.

JULIA KISSINA: Es ist eine ziemliche Illusion, dass dort jetzt etwas Großes entstehen wird. Ich kann die Enttäuschung, was Russland angeht, verstehen, nach allem, was passiert ist, Putin und so weiter, das heißt aber noch nicht, dass die Ukraine es kompensieren wird. Dort ist viel zu wenig Substanz geblieben. Die besten Leute sind weg – ich spreche nicht über uns –

KATJA PETROWSKAJA: Wir sind die schlechtesten …

JULIA KISSINA: Wir sind nicht die schlechtesten. Ich habe gesehen, wie fast unsere ganze Generation nach Moskau oder ins Ausland gegangen ist, und ich vermute, wenn es sich weiter so mit der Sprache entwickelt, dass es das Ukrainische wird – Ukrainisch ist ja ein bisschen so wie Ungarisch –, dann begrenzt man sich sehr. Russisch ist mehr oder weniger eine Weltsprache, auch wenn das Ukrainische wunderschön ist. Aber ich hege keine Illusionen. Klar, ich würde da gerne was machen, wenn es sich ergibt.

KATHARINA RAABE: Ihr habt vom Kiew eurer Kindheit gesprochen, das damals schon im Verschwinden begriffen war. Von Menschen, die weggingen. An wen denkt ihr?

JULIA KISSINA: Vor allem an Künstler und Literaten, die in geheimnisvollen Ateliers irgendwas taten, was unerwünscht war. Alle haben darüber ganz offen gesprochen. Ich wusste als Kind, dass das Künstler waren, die unerwünschte Dinge taten. Die haben uns Bücher gezeigt von Impressionisten, Kubisten und so weiter – lauter unerwünschte Sachen.

KATHARINA RAABE: Und in der Schule war es klar, dass das existierte? Ihr wurdet nicht ausgefragt nach diesen Leuten, mit denen eure Eltern Umgang hatten? Nach diesen Büchern, die sie euch zeigten?

JULIA KISSINA: In der Sowjetunion war viel mehr erlaubt, als man heute meint.

KATJA PETROWSKAJA: Was die Künstler machten, war unerwünscht, aber nicht verboten, es wurde nicht unterstützt, aber auch nicht unterdrückt. Es hatte keinen Raum. Diese Welt gab es nur im Privaten, hier zeigten sie ihre Arbeiten. Sie wurden vom Staat nicht gekauft und nicht unterstützt, aber als die Künstler emigrieren wollten, konnten sie ihre Bilder nicht mitnehmen, weil sie plötzlich dem Staat gehörten. Ich hatte in der Kindheit das Gefühl, dass diese Leute verschwinden. Sehr viele Leute sind emigriert, auf verschiedenen Wegen. Meine Eltern haben mir ständig von Künstlern erzählt, viele habe ich nicht mehr gekannt, sie sind zwischen 1974 und 1977 emigriert. Nicht alle waren Juden. Zum Beispiel Leonid Hrabovsky, ein Mann mit einem adligen Touch, ein schöner Russe, er war eigentlich polnischer Herkunft, hatte Ukrainisch als Muttersprache, was ich damals nicht wusste, er war ein ganz wichtiger Komponist. Zahlreiche solche Leute. David Miretsky und viele andere – die sind gegangen. Alle weg. Man hatte das Gefühl, dass man keinen Bräutigam mehr kriegt, denn auch die Kinder dieser Menschen waren irgendwann alle weg.

KATHARINA RAABE: In wie vielen verschiedenen Welten habt ihr euch aufgehalten?

KATJA PETROWSKAJA: Wir lebten parallele Leben. Zum Beispiel in der Schule das rituelle sowjetische Leben. Niemand glaubte an den Komsomol, aber alle sollten Mitglied werden, weil man sonst keinen Platz am Institut bekam. Meine Eltern hatten Tausende Freunde, bei Julia war es auch so. Diese Begegnungen kamen nicht so zustande, dass man irgendwo hingeht, sondern die Leute kamen zu uns, sie waren alle da, sie saßen in der Küche und schrien, sie redeten einfach wahnsinnig laut, über Dichter, über Kriege, ich konnte einige dieser Menschen schon deshalb nicht ausstehen, weil ihre schreienden Stimmen mir den Schlaf raubten. Ich habe sie richtig gehasst, und das erschwerte mir auch den Weg zu meiner Lieblingsperson, heute nenne ich ihn den *local genius:* Wadim Skuratowskij, 1941 bei Tschernigow geboren, einer der letzten Intellektuellen europäischer Art. Schwer zu beschreiben, solche Menschen, die mit zehn die Sowjetische Enzyklopädie auswendig konnten und mit dreizehn den ganzen Thomas Mann gelesen hatten. Es gab viele, die in der Sowjetunion sehr belesen waren, aber dieser Skuratowskij ist ein Phänomen. Es war eine glückliche Fügung, dass Skuratowskij um die Ecke wohnte. Er kam jeden Tag vorbei. Er hat meinen Vater gerettet, weil er ihm ein täglicher Gesprächspartner war. Mein Vater war sehr schweigsam, und Skuratowskij hat ihm alles kreuz und quer erzählt. Eine Person, die absolut unfassbar war mit einem unheimlichen Gedächtnis und kombinatorischen Fähigkeiten, Prozesse zu modellieren und zu analysieren, zu verstehen, unterschiedlichste Sachen zu verbinden, in ganz unterschiedlichen Kulturen. Er hat sogar Ungarisch gelernt, im Trolleybus, das Lehrbuch begann mit dem Satz: Ungarn befindet sich in Europa.

KATHARINA RAABE: Wie habt ihr euer kreatives Vermögen entdeckt? Gab es Vorbilder, die euch angestachelt haben?

JULIA KISSINA: Sehr viele. Wir haben ja in einer geradezu imaginären Atmosphäre gelebt, wie im Paris der 1930er Jahre.

KATHARINA RAABE: Das klingt ein bisschen selbstmythisierend. Als wäre es den ganzen Tag um nichts anderes gegangen als um Literatur, Musik, Nachdenken, Gespräche, als hättet ihr euch in diesem elitären Fluidum bewegt wie die Fische im Wasser, als wäre es ständig um die wirklich wichtigen Dinge des Lebens gegangen.

KATJA PETROWSKAJA: Das stimmt und stimmt auch nicht. Es ist die Frage, was man als elitär bezeichnet. In der Schule erlebten wir eine Welt, die voller Lügen war. Obwohl ich ein Kind war, als der Afghanistan-Krieg begann, erinnere ich mich genau daran, es war ein ganz schmerzhafter Punkt, genau wie der Abschuss der koreanischen Boeing, auch an den Namen Gromyko erinnern sich viele. Diese andere Welt war ein Versuch, sich zu retten – eine der Erklärungen, warum Kulturmilieus wie diese in sogenannten autoritären Ländern viel stärker sind. Später, in England, in den USA habe ich nie wieder Menschen von solcher Leidenschaft und Berufung getroffen wie damals in der Sowjetunion. Der Druck der Lüge, der Druck der staatlichen Gewalt war so stark, dass man sich wirklich erretten musste aus diesem Sumpf und aus dieser Unterdrückung. Diamanten entstehen nur unter Druck. Dieses sogenannte Sowjetische oder der antisowjetische Mensch als Produkt dieser Gesellschaft ist ein Phänomen. Und dieses Phänomen bildet sich gerade wieder aus.

JULIA KISSINA: Wenn wir über eine parallele Kultur sprechen, über Underground oder unterdrückte Kultur, dann sprechen wir nicht nur über damals, sondern auch über jetzt und hier. Wir beklagen uns immer wieder, dass für Gedichte und Musik nicht bezahlt wird. Das ist normal. Auch in Berlin, auch in New York gibt es Menschen, die fabelhafte Sachen machen, die nicht akzeptiert, nicht veröffentlicht werden. Die Unterdrückung von Talent würde ich nicht als spezifisch sowjetisch bezeichnen. Wir leben in einer Kultur, in der die größten Gladiatoren für das Volk die Fernsehköche sind.

KATJA PETROWSKAJA: Ich dachte, die Steuerberater.

JULIA KISSINA: Es gibt eine Entertainment-Kultur. Wer sind die *celebrities* hier in dieser Welt? Sie unterscheiden sich kaum von den sowjetischen *celebrities,* sie sind genauso geschmacklos. Sie dienen einer anderen Ideologie, doch die Strukturen sind vergleichbar.

KATJA PETROWSKAJA: Ich bin nicht einverstanden.

JULIA KISSINA: Hier herrscht eine andere Art des Totalitarismus: die Massenkultur, die nicht weniger grausam und unterdrückerisch ist.

KATJA PETROWSKAJA: Ich bin wirklich nicht einverstanden. Ich glaube, dass die Leute, die vom Staat unterdrückt wurden, zumindest das Gefühl hatten, es gebe einen Grund dafür. Sie haben sich einfach als Künstler verstanden, sich die eigene Kunst erklärt. Während der Staat sie so verstanden hat, als wären sie Kämpfer für die Freiheit, für die Wahrheit. In diesem Prozess gab es eine gewisse Sinnstiftung von beiden Seiten, und beide Seiten haben sich die Situation so erklärt: Je verbotener du warst, desto wichtiger warst du, und so ergab sich eine gewisse Hierarchie. Aber heute, wenn deine Werke nicht gedruckt werden, wenn du kein Geld kriegst, dann ist das eine sinnlose Konkurrenz, es ist wirklich ein Gefühl der Entwertung, das an sich keinen Wert hat.

KATHARINA RAABE: Dass sich heute so etwas wieder bildet – woran würdest du das festmachen?

KATJA PETROWSKAJA: Ich glaube, wir haben beide eher Russland gemeint als die Ukraine.

KATHARINA RAABE: Wo bildet sich das denn in Russland?

JULIA KISSINA: Dass es in Russland geschieht, ist doch klar. Dort gibt es wieder Zensur, viele Sachen werden nicht publiziert, aus unterschiedlichsten Gründen.

KATHARINA RAABE: Ich hatte euch so verstanden, dass sich in Kiew etwas neu bildet.

KATJA PETROWSKAJA: Was jetzt in Kiew geschieht, ist die Aktivierung aller gesellschaftlichen Kräfte, sie formieren sich neu. Aber in der Ukraine kommt auch alles nach oben. Ständig wird von Nationalismus gesprochen, es ist normal, dass alles akut wird, ausgesprochen wird, egal in welcher Gruppe. In nächster Zeit wird es sehr viel um Kiew gehen, es wird viel über Kiew geschrieben werden.

KATHARINA RAABE: Spielte die ukrainische Sprache in diesen Kreisen, in denen ihr euch als Kinder bewegt habt, eine Rolle?

JULIA KISSINA: Ja, einige haben die ukrainische Sprache benutzt aus ideologischen Gründen.

KATHARINA RAABE: Haben sie auch ukrainisch gedichtet?

JULIA KISSINA: Ja, auch aus Protest.

KATJA PETROWSKAJA: Ich kannte ganz viele Menschen – nein, das kann ich nicht sagen, denn das war genau dieses Kiew, von dem ich nur noch gehört habe, weil meine Eltern diese Leute kannten, aber ich nicht mehr – Pawlytschko, Drach, Dziuba, Kostenko –, es gab ein riesiges Milieu ukrainischer Schriftsteller. Unser Freund Yuriy Scherbak, der eigentlich ein bekannter Arzt war und gleichzeitig ein gefeierter Schriftsteller, er hat mit uns nur auf Russisch kommuniziert. Geschrieben hat er nur auf Ukrainisch, Romane und zahlreiche Theaterstücke, sie wurden auch gespielt. In welcher Sprache? Das habe ich mich damals nie gefragt.

JULIA KISSINA: Die Sprache wurde instrumentalisiert, in dem Sinne, dass Ukrainisch wie ein ideologisches *tool* verwendet wurde.

KATJA PETROWSKAJA: Das ist auch eine Frage der Einstellung, denn in meiner Kindheit waren die Ukrainischsprachigen entweder Exoten, die, statt auf dem Dorf zu leben, in die Stadt gezogen waren und die städtische Kultur praktizierten, sie waren entweder Exoten oder Parteifunktionäre oder Parteifunktionäre im Schriftstellerverband. Sie sprachen so ein unleckeres Ukrainisch. Das war meine ukrainische Sprache, sie lief auch im Radio. Aber für viele Ukrainer, die in Kiew lebten, hatte gerade die russische Sprache diese Funktion, die Sprache, die aus Moskau kam und ideologisiert war. Das waren ganz unterschiedliche Sichtweisen. Der Einzige, der auf all den russischen Versammlungen bei uns zu Hause konsequent Ukrainisch gesprochen hat, war Bogdan Zholdak. Er war ein phänomenal begabter Mensch, ein überdimensionierter Mann, er hat Filme gedreht, er hat Theaterstücke geschrieben, Karikaturen gemacht, schwer zu sagen, was er nicht gemacht hat, er sprudelte von Talent, er machte Dinge in allen Himmelsrichtungen, so eine Art Renaissance-Ukrainer, aber für mich ein Exot. Später habe ich verstanden, dass er in unserer humorvollen Gesellschaft der Verbittertste war, im Gebrauch seiner Sprache, in seiner Statur, seiner Haltung war nicht nur Humor, sondern auch wahnsinnige Verbitterung. Aber böse war er nie. Ich habe viel später verstanden, dass ich es auch mit gewaltiger Unterdrückung zu tun hatte bei diesen Menschen, die ich nur als Exoten wahrgenommen habe.

KATHARINA RAABE: Die ukrainische Nomenklatura ist ja offenbar sehr stark gewesen in Kiew. War Ukrainisch die verordnete Sprache? Die Staatssprache der ukrainischen Sowjetrepublik?

KATJA PETROWSKAJA: Für Leute wie Julia und mich, die mit der russischen Sprache aufgewachsen sind, ja. Aber der Vater eines Mädchens aus meiner Kindergartengruppe saß die Jahre ihrer Kindheit in einem sibirischen Lager. Die Anklage lautete: ukrainischer Nationalismus. Für sie war Russisch ein Zwang. Das habe ich erst kürzlich per Zufall erfahren.

KATHARINA RAABE: Ihr musstet das Ukrainische in der Schule lernen?

JULIA KISSINA: Ich ging in eine Schule, wo alles auf Ukrainisch lief: Mathe, Physik – alles war auf Ukrainisch.

KATJA PETROWSKAJA: Ich war auf einer russischen Schule. Dann solltest du besser Ukrainisch können als ich?

JULIA KISSINA: Schwer zu sagen.

KATJA PETROWSKAJA: Warum haben deine Eltern dich auf eine ukrainische Schule geschickt?

JULIA KISSINA: Ich war auf einer Kunstschule, und dorthin kamen Kinder aus der ganzen Ukraine, auch aus der Westukraine. Kinder aus einigen Gegenden der Ukraine haben kein

Russisch gesprochen. Und dann haben wir immer wieder abgestimmt, welche Sprache wir in welchem Unterricht sprechen wollen. Das war ganz demokratisch.

KATHARINA RAABE: Ihr habt abgestimmt?

KATJA PETROWSKAJA: Interessant, dass man sich an diese Sachen gar nicht mehr erinnert. Dass vieles nicht so schlimm war, wie man es sich vorstellt. Die Frage, in welcher Funktion die Sprache benutzt wurde oder rezipiert wurde, ist eine schwierige Frage. Das ist genau wie zu sagen, Russisch ist die Sprache von Putin. Wir haben jetzt ganz stark damit zu tun, dass wir als Russischsprachige sofort in diese ideologische Ecke geschoben werden. Dabei sind wir in einer fast tragischen Situation: Einerseits verstehen wir die Prozesse, die in der Ukraine ablaufen; andererseits tragen wir als Russischsprachige auch die Schuld des Imperiums in uns.

JULIA KISSINA: Was mich gestört hat, war der Unterricht in ukrainischer Literatur. Wir haben einige Romane gelesen, und es gab einen ukrainischen Klassiker, Iwan Franko, der war sehr nationalistisch, er war sehr konservativ, antisemitisch, teilweise grausam, hauptsächlich aber sehr, sehr langweilig. Viele Klassiker, die wir lesen mussten, russische, sowjetische, waren unerträglich, aber mit diesen ukrainischen Romanen war es eine Katastrophe. Wir haben ja diese Problematik gar nicht verstanden. Es ging immer um ukrainische Bauern, die von Polen und von Juden und von Russen unterdrückt werden.

KATJA PETROWSKAJA: Unser Problem war auch, dass wir früh aus Kiew fortgegangen sind. Als die anderen Werke, die realen der ukrainischen Literatur, herausgekommen sind, waren wir schon nicht mehr da, lebten wir nicht mehr im Kreis der Anziehungskraft dieser Werke. Ich hatte eine grausame

Ukrainischlehrerin, sie hat mich ständig gefragt, wie ich meine Bürgerpflicht verstehe, und wenn ich nicht antworten wollte, schickte sie mich aus der Klasse. Ich war damals nicht stark, ich habe nur geschwiegen im Unterricht, ich wurde aufgerufen, mein Widerstand war nur mein Schweigen, und ich habe sehr gelitten. Über diese ukrainische Literatur schweige ich immer noch, das war eine Verletzung, die übrigens, wie ich jetzt verstehe, sehr viele Ukrainischsprachige im Russischunterricht erlitten haben. Ich kenne solche Geschichten aus Lemberg. Für viele Leute war Ukrainisch ein Zwangsunterricht und für viele Ukrainer anderswo analog das Russische, besonders wenn die Lehrerin nicht gut war. Ich erinnere mich, wie ich mit Gedichten, die wir lernen sollten, von Schewtschenko, überhaupt nicht zurechtkam. Dann habe ich seine anderen Gedichte gelesen und einige auswendig gelernt aus reiner Faszination.

JULIA KISSINA: Uns wurde immer wieder von der ukrainischen Avantgarde erzählt, aber dann haben wir gesehen, dass letztlich alle Leute, die aus der Ukraine stammen, auf Russisch geschrieben haben, weil es viel mehr Freiräume und vor allem Leser gab. Das ist dieselbe Frage, die sich auch bei Rätoromanisch stellt.

KATJA PETROWSKAJA: Nein, ich glaube, du übertreibst gewaltig. Wir kannten diese Literatur einfach nicht. Ich habe wirklich erst viel später begonnen, mich umzuschauen, erst vor fünfzehn Jahren. Dank Zeitschriften wie *Ji*, wie *Krytyka* habe ich für mich eine unglaublich große, reiche Welt entdeckt. Man kannte meist nur Andruchowytsch und Zhadan, aber es gab neben ihnen noch viele Dutzende wahnsinnig interessante Menschen. Und was mich an ihnen fasziniert: Sie sind anders »geschnitten« als wir. Jurko Prochasko zum Beispiel, dieser unglaubliche Übersetzer, Psychoanalytiker, so alt wie ich, ich verstehe nicht, wie diese Menschen konstruiert sind. Sie haben von Kindheit an nach Wien geguckt, haben ganz früh Deutsch gelernt. Und sie haben auch die russische Literatur nicht als Widerspruch wahrgenommen. Die hat sie nur nicht so angezogen, nicht so interessiert wie der galizische Raum. Das, was wir aus Kiew nicht wissen oder nur widerstrebend erlernt haben, das hatten sie parat, die letzten Spuren dieser Kultur.

JULIA KISSINA: Die Westukraine war nicht monokulturell Russisch oder Ukrainisch, sie war sehr international, das Zentrum von Europa. Bis heute hat das kulturell auch mit Kiew nicht sehr viel zu tun. Kiew ist eher am Rand Europas. Was ich unter Europa verstehe, ist eine Atmosphäre, wie es sie wahrscheinlich im alten Warschau gab, in Prag. Aber Kiew – das ist ein anderer Planet. Das dürfen wir nicht vergessen. Es sind zwei sehr unterschiedliche Kulturen. Die hauptstädtische Kultur war von Russland, von der russischen Sprache geprägt. Lemberg, Galizien war sehr von Österreich, von anderen Sprachen, vom Deutschen, vom Polnischen und Ungarischen beeinflusst. Das hatte mit unserem Kiew nichts zu tun. Das kannten wir nicht. Als Kind war ich mit meiner Mutter in Lemberg, und wir waren wirklich im Ausland.

KATHARINA RAABE: Obwohl ihr dort Familie hattet. Du schreibst im *Frühling auf dem Mond:* »Es gibt Fotografien der Großfamilie, auf denen ein verschrumpeltes, schnauzbärtiges Männlein eine Zeitung in Frakturschrift in den Händen hielt, denn ein Teil der damals noch großen Familie lebte im Habsburger Reich.«

JULIA KISSINA: Ja, aber diese Familie war nicht mehr da. Und wir hatten eine konkrete Realität vor der Nase, die uns ernährt hat, geistig. Und dann kamen wir in die Westukraine, und plötzlich waren wir in einer sehr anderen Welt, und, daran kann ich mich sehr gut erinnern, da waren alle so religiös. Das hat uns geschockt.

KATJA PETROWSKAJA: Ja, das war Ausland. Ich habe im Chor gesungen, und für uns waren die Orte, wo gotische Kirchen standen, das waren Lemberg, Ushgorod, Mukatschewe, alle baltischen Länder – das war ganz deutlich Ausland, weil da diese Kirchen standen. Wir haben dort immer gesungen. Mein erstes Erlebnis in Lemberg war ganz lustig, weil wir im großen Chor singen sollten, unserem Kiewer Shchedryk-Chor, zusammen mit anderen Chören, im Lemberger Zirkus, wir mussten das Lied über den ewigen Revolutionär singen, und danach sind wir in der Philharmonie mit religiöser Musik aufgetreten.

JULIA KISSINA: Das war nicht nur die Kirchenkultur. Das war alles, das war auch Alltagskultur, Kommunikation, alles dort war viel zeremonieller, ein ganz anderer Schlüssel zur Kommunikation.

KATJA PETROWSKAJA: Es gab bei ihnen keine Spuren von sowjetischer Gestik, die Leute haben sich irgendwie noch anders bewegt, und die Lemberger Frauen, alle diese Cafés. Sie hatten immer noch Damen, die Kleider nähten, da war noch ein Hauch von anderen Zeiten und einer anderen Eleganz.

JULIA KISSINA: Das war Westen, alles war viel sauberer, viel ordentlicher, auf der Straße, in den Häusern, die Stadt hatte nichts Sowjetisches, alles war Jugendstilarchitektur, angenehm, eine mitteleuropäische Stadt.

KATHARINA RAABE: Manchmal wird gesagt, dass es die galizische Lokomotive gibt: Was sich auf dem Maidan abgespielt hat, habe auch dank dieser historischen Erfahrung stattgefunden. Die westlichen Ideale seien dort fester verankert, weil die Sowjetisierung nicht so tief gewesen sei. Die Demokratisierung der Ukraine erhalte von dort einen Schub. Teilt ihr diese Meinung?

KATJA PETROWSKAJA: Überhaupt nicht.

JULIA KISSINA: Ich weiß nicht, ob es um Demokratisierung geht. Es gibt eine Sehnsucht nach europäischer Oberfläche. Die Leute wollen einfach ruhig und gut und satt leben.

KATJA PETROWSKAJA: Dass die galizische Erfahrung für die Maidanbewegung ein Katalysator war, glaube ich nicht. Für viele Jugendliche waren nicht historische Erfahrungen wichtig, sondern Gerechtigkeit, sie wollten Rechte wie Luft zum Atmen. Man braucht keine europäische Erfahrung, um zu verstehen, was geschieht, wenn ein Mädchen von Milizionären vergewaltigt wird. Die Empörung auf dem Maidan war grundsätzlicher Art: dass ihnen ein normaler menschlicher Alltag weggenommen wurde und immer mehr staatliche Gewalt an seine Stelle trat.

JULIA KISSINA: Mit dem Maidan ist noch mehr Gewalt in den Staat gekommen, da haben sich absolut kriminelle Kräfte entfaltet und befreit. Ich habe mit einer Verwandten in Kiew gesprochen, sie sagte mir, dass in vielen Häusern Blitzableiter an die Gasleitung angeschlossen worden sind. Wie kann man so was zulassen? Dass jemand kommt und so unprofessionell, so gedankenlos irgendwas macht, tausend solcher Dinge –

KATJA PETROWSKAJA: Julia, solche Sachen hat es immer gegeben.

JULIA KISSINA: Und es wird sie immer geben. Das ist das Schlimmste.

KATJA PETROWSKAJA: Wenn es guten Willen gibt, kann vieles passieren. Dass jetzt durch die Revolution – es war eine Revolution! – vieles nach oben gekommen ist, das ist absolut normal. Die Frage ist, wer gewinnt. Die Pessimisten sagen immer: Ja, dann kommen die Nationalisten, und die fressen euch auf. Viel wurde über diese Faschisten auf dem Maidan gesprochen, aber wenn man die Relationen sieht, ist es lächerlich. Die Ukraine hat nicht mal eine populistische Partei. Die Frage ist, wie es sich weiter entwickelt.

JULIA KISSINA: Aber es geht nicht nur um politische Kräfte. Es gibt keine Spezialisten mehr, keine Verwaltung, es gibt nur eine Masse, das Volk, absolut verlorene Menschen. Es gibt wahnsinniges Chaos. Wie kann man das Land wieder in Ordnung bringen? Dass es überhaupt funktioniert? Jetzt ist es eine Katastrophe.

KATHARINA RAABE: Aber es werden doch gewaltige Anstrengungen unternommen.

KATJA PETROWSKAJA: Es gibt zahlreiche Initiativen und Projekte, und was ganz unglaublich ist: dass die Gesellschaft selbst versucht, die Lücken zu füllen, die die Regierung nicht füllen kann. Wir können auch die Regierung nicht beschuldigen, dass sie schwach ist, weil es überhaupt keine Strukturen in diesem Land gab, um eine normale Regierung zu bekommen, politische Kräfte auszubilden, es gab keine normalen politischen Eliten, die einen normalen politischen Prozess hätten in Gang setzen können. Die Gesellschaft übernimmt jetzt unzählige Funktionen, die der Staat übernehmen sollte. Auch die Armee wird vom Volk ernährt und angezogen. Die Probleme mit den Flüchtlingen, auch das ist nichts, was der Staat entscheidet. Kontrolle über die Behörden, verschiedene Reformen, sie sind zwar durch politische Strukturen gegangen, aber die Kontrollfunktion übernehmen zahlreiche Initiativen und NGOs. Dieser Prozess ist enorm interessant und wichtig. Die Frage ist, ob die Menschen es schaffen, ihn schnell genug durchzuführen.

KATHARINA RAABE: Wenn ich euch richtig verstehe, habt ihr Kiew eigentlich vor allem als eine russische Stadt erlebt?

KATJA PETROWSKAJA: Für mich war das eher eine russischsprachige Stadt, das Ukrainische war mir nicht ganz so nah, ich habe nicht zuerst in diese Richtung geschaut. Natürlich habe ich ukrainische Theaterstücke gesehen und Konzerte besucht, wir haben ukrainische Kantaten gesungen. Es ist auch die Frage, wie jüdisch unsere russische Komponente war, und wenn man es so betrachtet: Alle diese Versammlungen bei uns zu Hause waren vielleicht 80 Prozent jüdisch in dem Sinne, dass die Menschen jüdischer Herkunft waren. Ich habe das erst viel später verstanden, als sie anfingen zu emigrieren, aber wie jüdisch jene Ukrainer waren oder auch nicht wie der erwähnte Leonid Hrabovsky, das war nicht wichtig. Wichtig war: Was man jüdisch nennt, das war eigentlich der Inbegriff des Gewissens: mit anderen mitzuleiden. In dieser Hinsicht waren Ukrainer, Juden und Russen in einem intellektuellen Pool zusammen, in solchen Gewissensfragen, und ich glaube, das ist überhaupt noch nicht verstanden. Ich glaube, viele, die sich mit Russland und der Ukraine befassen, mit diesen städtischen Gebilden, mit der Intelligenzija, die entdecken plötzlich, dass große Teile jüdischer Herkunft waren. Doch was macht man mit dem anderen Teil, der nicht jüdischer Herkunft war? Das war überhaupt kein Widerspruch, ich glaube, die Menschen mit jener besonderen Haltung den Imperien gegenüber, kulturellen Werten gegenüber, die waren einfach zusammen, an vielen Orten. Das klingt vielleicht utopisch, nicht alle waren sich einig, aber nationalen Widerspruch gab es kaum.

JULIA KISSINA: Die Leute waren eher im Geist verwandt als im Blut, das habe ich auch so erlebt in Kiew. Und ich muss sagen, dieses ukrainische Element in einer hauptsächlich russischsprachigen Stadt hat das Leben nur bereichert. Ohne das

Ukrainische wäre das spezifisch Kiewer Russisch nicht so würzig, nicht so interessant, so aufregend, nicht so dramatisch – ein sehr wichtiges Element dieser russischen Sprache, genau wie das Russische für die ukrainische Sprache. Außerdem war das Russische eine enorme Quelle der Information, viele Bücher wurden aus den Weltsprachen eher ins Russische als ins Ukrainische übersetzt. Die russische Literatur und Kultur war ungeheuer inspirierend, wir hatten eine phantastische Symbiose damals, das konnte man nur begrüßen. Und wenn die eine oder die andere Seite sagt, nein, wir müssen das abschneiden, dann ist es so, als würde man einen Köper zerschneiden.

KATJA PETROWSKAJA: Ich habe diese Menschen, die man jetzt Juden nennt oder jüdischer Herkunft, nie als Juden verstanden, sie waren für mich Russen, Sowjetmenschen, keine Ahnung, und in diesen Gruppen gab es viele, die nicht im Geringsten jüdisch waren. Gemeinsam aber war ihnen allen, dass sie eine wichtige Intuition hatten, was Gut und was Böse, was Schuld und Unschuld ist. Ich glaube, gerade aus diesem Milieu ist etwas in mir entstanden, eine ganz einfache Gewissheit: dass es kein fremdes Verbrechen gibt und keine fremden Opfer. Wenn wir anerkennen, dass anderen Menschen etwas Schlimmes angetan wurde, dann sind wir einig in der absoluten, totalen Ablehnung der Gewalt, im Mitgefühl mit den Opfern, und in dieser Hinsicht ist es nicht wichtig, ob diese Menschen im Holodomor umgekommen sind, als Ukrainer, oder im Holocaust, als Juden, oder ob es um die Repressionen in Russland geht. Wir waren in gewisser Weise absolut einig, was dieses Unheil anbetrifft.

KATHARINA RAABE: Als ich euch zuhörte, ist mir das Bild, das Klischee von der mitteleuropäischen Symbiose der Zwischenkriegszeit in den Sinn gekommen. Das jüdisch-bürgerlich geprägte Leben in Wien, Budapest, Lemberg etc. – ist das ein

Ferment, das sich in Kiew gehalten hat? Jetzt sich entfalten könnte, unter ganz neuen Bedingungen? Europa *en miniature*, wie Karl Schlögel die Ukraine einmal bezeichnet hat? Die Vielsprachigkeit, die unterschiedlichen territorialen Gegebenheiten, die Polyphonie der Kulturen, all diese Regionen in ihrer historischen Prägung, die Einigung dieses Gebildes ist doch eine große Chance für die heutige Ukraine und eine Herausforderung und ebenfalls Chance für uns Europäer, diesen Prozess zu unterstützen.

KATJA PETROWSKAJA: Das größte Problem ist der Krieg und die Annexion. Auch wenn sich in der Ukraine sehr viel Interessantes und Positives tut: Unter diesen Bedingungen ist es verflucht schwer, irgendwie fast aussichtslos, daran zu glauben, dass sich etwas von Grund auf Gutes bilden wird.

JULIA KISSINA: Wenn profane Sachen in Ordnung kommen, kann man darüber sprechen. Erst muss man das Land in Ordnung bringen.

KATJA PETROWSKAJA: Doch dafür muss man den Krieg stoppen. Aber wie?

Nachweise

Der Eindeutigkeit halber werden russische und ukrainische Namen und Titel in den Anmerkungen, abweichend vom Haupttext, in der wissenschaftlichen Umschrift wiedergegeben. Bei der Schreibweise ukrainischer und russischer Eigennamen haben wir uns in einigen Fällen für die von den Autoren bevorzugte angelsächsische Umschrift entschieden. Namen ukrainischer Städte und Flüsse werden je nach Kontext russisch, ukrainisch oder auch deutsch wiedergegeben.

Juri Andruchowytsch / Paweł Smoleński, »Wir übertreiben sehr, wenn wir von der Vielfalt in der Ukraine reden.« Auszug aus: Paweł Smoleński, *Szcze ne wmerła i nie umrze. Rozmowa z Jurijem Andruchowyczem* [Noch ist sie nicht gestorben, und sie wird auch nicht sterben. Gespräch mit Juri Andruchowytsch], Wołowiec: Wydawnictwo Czarne 2014. Das Gespräch wurde auf Polnisch geführt. Deutsche Erstveröffentlichung; © Juri Andruchowytsch, Paweł Smoleński.

Yaroslav Hrytsak, Euromaidan, eine kurze, aber globale Geschichte. Für die deutsche Erstveröffentlichung vom Autor überarbeitet; auf Ukrainisch und Englisch veröffentlicht in dem ukrainisch-englischen Sammelband *Euromaidan – History in the Making*, hg. von Gleb Gusev, Kiew: Osnovy Publishing 2014; © Yaroslav Hrytsak.

Marius Ivaškevičius, Unser Märchenmonster ist erwacht. Erweiterte und überarbeitete Fassung des gleichnamigen Artikels, der am 11. Juni 2014 in der *Frankfurter Allgemeinen Zeitung* erschienen ist; © Marius Ivaškevičius.

Julia Kissina / Katja Petrowskaja: Unser Kiew. Überarbeitete Fassung eines Gesprächs, das im Oktober und November 2014 im Studio von Wolfgang Noelke, Berlin, aufgezeichnet wurde. Vier Sequenzen und das vollständige Transkript sind auf der Internetseite des Suhrkamp Verlags *Logbuch Deutschsprachige Literatur* abrufbar: http://www.logbuch-suhrkamp.de/julia-kissina/katja-petrowskaja_ueber-kiew; © Julia Kissina, Katja Petrowskaja, Katharina Raabe. Mit herzlichem Dank an Wolfgang Noelke.

Serhij Zhadan, Warum ich nicht im Netz bin. Auszug aus dem Lyrikband *Žyttja Marii* [Das Leben Marias], der 2015 im Verlag Meridian Czernowitz erscheint. Deutsche Erstveröffentlichung;

Literaturhinweise

Juri Andruchowytsch (Hg.), *Euromaidan. Was in der Ukraine auf dem Spiel steht,* Berlin 2014.

Claudia Dathe und Andreas Rostek (Hgg.), *Majdan! Ukraine, Europa,* Berlin 2014.

Frank Golczewski, *Deutsche und Ukrainer 1914–1939,* Paderborn u. a. 2010.

Frank Golczewski (Hg.), *Geschichte der Ukraine,* Göttingen 1993.

Andreas Kappeler, *Kleine Geschichte der Ukraine,* 4. akt. Aufl. München 2014.

Andreas Kappeler, *Russland und die Ukraine. Verflochtene Biographien und Geschichten,* Köln / Weimar / Wien 2012.

Andreas Kappeler (Hg.), *Die Ukraine. Prozesse der Nationsbildung,* Köln / Weimar / Wien 2011.

Georgiy Kasianov und Philipp Ther (Hgg.), *A Laboratory of Transnational History. Ukraine and Recent Ukrainian Historiography,* Budapest 2009.

Hiroaki Kuromiya, *Freedom and Terror in the Donbas. A Ukrainian-Russian Borderland 1870s–1990s,* Cambridge 1998.

Paul Robert Magocsi, *Ukraine. An Illustrated History,* Toronto u. a. 2007.

Serhii Plokhy, *The Last Empire. The Final Days of the Soviet Union,* New York 2014.

Serhii Plokhy, *The Cossack Myth. History and Nationhood in the Age of Empires,* Cambridge 2012.

Katharina Raabe und Manfred Sapper (Hgg.), *Testfall Ukraine. Europa und seine Werte,* Berlin 2015.

Manfred Sapper und Volker Weichsel (Hgg.), *Osteuropa* 9–10 (2014): *Gefährliche Unschärfe. Russland, die Ukraine und der Krieg im Donbass.*

Manfred Sapper und Volker Weichsel (Hgg.), *Osteuropa* 5–6 (2014): *Zerreißprobe. Ukraine: Konflikt, Krise, Krieg.*

Konrad Schuller, *Ukraine. Chronik einer Revolution,* Berlin 2014.

Timothy Snyder, *Bloodlands. Europa zwischen Hitler und Stalin,* aus dem Englischen von Martin Richter, München 2011.

Orest Subtelny, *Ukraine. A History,* Toronto u. a. 4. Aufl. 2009.

Roman Szporluk, *Russia, Ukraine and the Breakup of the Soviet Union,* Stanford 2000.

Andrew Wilson, *Ukraine Crisis. What It Means for the West*, New Haven / London 2014.
Andrew Wilson, *The Ukrainians. Unexpected Nation*, New Haven / London 3. akt. Aufl. 2009.
Serhy Yekelchyk, *Ukraine. Birth of a Modern Nation*, Oxford 2007.
Tatiana Zhurzhenko (Hg.), *Transit* 45 (2014): *Maidan. Die unerwartete Revolution*.

Der im Vorwort zitierte *Brief an all jene, die nicht in Donezk leben* findet sich auf der Sonderseite des Suhrkamp Verlags zur Lage in der Ukraine: http://www.suhrkamp.de/themen/ukraine_270.html

Zu den Autorinnen und Autoren

JURI ANDRUCHOWYTSCH, geboren 1960 in Iwano-Frankiwsk, wo er heute wieder lebt, ist Lyriker, Essayist, Romanautor und Übersetzer. Sein Werk wurde in viele Sprachen übersetzt und mehrfach ausgezeichnet. Er ist Mitglied der Deutschen Akademie für Sprache und Dichtung. Auf Deutsch sind zuletzt erschienen sein Roman *Perversion*, aus dem Ukrainischen von Sabine Stöhr (Suhrkamp 2011) und der von ihm herausgegebene Band *Euromaidan. Was in der Ukraine auf dem Spiel steht* (Suhrkamp 2014).

HEINRICH DETERING, geboren 1959 in Neumünster, ist Literaturwissenschaftler, Lyriker und Essayist. An der Universität Göttingen lehrt er Neuere Deutsche Literatur und Vergleichende Literaturwissenschaft. Er ist Präsident der Deutschen Akademie für Sprache und Dichtung. Er lebt in Göttingen.

YAROSLAV HRYTSAK, geboren 1960 in Dowhe/Stryj-Region, ist Professor für Neuere Geschichte an der Ukrainischen Katholischen Universität Lwiw und Autor zahlreicher Publikationen zur modernen Geschichte Osteuropas. Seine Iwan-Franko-Biographie wurde 2007 zum »Besten Buch des Jahres« in der Ukraine gewählt. Er lebt in Lwiw.

MARIUS IVAŠKEVIČIUS, geboren 1973 in Moletai, ist Dramatiker, Drehbuchautor, Prosaautor und Journalist. Er schreibt u.a. für die polnische Tageszeitung *Gazeta Wyborcza*. Auf Deutsch ist zuletzt erschienen *Die Grünen*, aus dem Litauischen von Markus Roduner (Athena 2012), ein Roman über die Partisanenkämpfe im sowjetisch okkupierten Litauen Ende der 1940er Jahre. Er lebt in Vilnius.

WILFRIED JILGE, geboren 1970 in Mainz, ist Lehrbeauftragter an den Universitäten Leipzig und Basel und forscht zur Zeitgeschichte und Politik der Ukraine. Zuletzt erschienen: Was treibt Russland? Zum Hintergrund der Ukraine-Krise, in: *Euromaidan. Was in der Ukraine auf dem Spiel steht* (Suhrkamp 2014), S. 183–195; Geschichtspolitik auf dem Majdan. Politische Emanzipation und nationale Selbstvergewisserung, *Osteuropa* 5–6 (2014), S. 239–257. Er lebt in Wien.

JULIA KISSINA, geboren 1966 in Kiew, ist Künstlerin und Schriftstellerin. Sie gehörte in den 1980er Jahren zum Kreis der Moskauer Konzeptualisten um Vladimir Sorokin und Pawel Pepperstein. Zuletzt erschien auf Deutsch ihr erster Roman *Frühling auf dem Mond*, aus dem Russischen von Valerie Engler (Suhrkamp 2013), in dem sie ihre Kindheit vor dem Hintergrund der Verfallsgeschichte Kiews erzählt. Sie lebt in Berlin.

GERD KOENEN, geboren 1944 in Marburg, ist Historiker und freier Publizist. Für seine Studie *Der Russland-Komplex. Die Deutschen und der Osten 1900–1945* (C. H. Beck 2005) wurde er 2007 mit dem Leipziger Buchpreis zur Europäischen Verständigung ausgezeichnet (gemeinsam mit Michail Ryklin). Zuletzt ist erschienen: *Was war der Kommunismus?* (Vandenhoeck & Ruprecht 2010). Er lebt in Frankfurt am Main.

JAROSŁAW KUISZ, geboren 1976 in Warschau, ist Chefredakteur der im Internet erscheinenden Wochenzeitung *Kultura Liberalna* und Assistent an der Fakultät für Rechts- und Verwaltungswissenschaften an der Universität Warschau. Zuletzt erschien sein Buch *Charakter prawny porozumień sierpniowych 1980–1981* [Der Rechtscharakter der Augustabkommen 1980–1981] (Wydawnictwo Trio 2009). Er lebt in Warschau.

SONJA MARGOLINA, geboren 1951 in Moskau, übersiedelte 1986 nach West-Berlin. Als freie Publizistin und Autorin begleitet sie das Zeitgeschehen in Russland. Sie schreibt für die *Neue Zürcher Zeitung* und die *Welt* und ist Beiratsmitglied des Netzwerks für Osteuropa-Berichterstattung *n-ost*. Zuletzt erschienen die Romane *Brandgeruch* (Bloomsbury Berlin 2011) und *Kaltzeit. Ein Klimaroman* (CreateSpace 2013). Sie lebt in Berlin.

KATJA PETROWSKAJA, geboren 1970 in Kiew, ist Literaturwissenschaftlerin, Journalistin und Schriftstellerin. Seit 2011 ist sie Kolumnistin bei der *Frankfurter Allgemeinen Sonntagszeitung*. Für einen Auszug aus ihrem Debütwerk *Vielleicht Esther* (Suhrkamp 2014) wurde sie mit dem Ingeborg-Bachmann-Preis 2013 ausgezeichnet. Das Buch erscheint derzeit in zwanzig Ländern. Sie lebt in Berlin.

ANDRIJ PORTNOV, geboren 1979 in Dnipropetrowsk, ist Historiker sowie Mitbegründer und Redakteur des Internetportals *historians.in.ua*. Seit 2012 lehrt er als Gastdozent an der Humboldt-Universität zu Berlin. Zuletzt ist auf Deutsch erschienen: Krieg und Frieden. Die »Euro-Revolution« in der Ukraine, *Osteuropa* 1 (2014), S. 7–24; Das Mantra der Nichteinmischung. Glaubenssätze der Putin-Freunde, *Osteuropa* 9–10 (2014), S. 5–11. Er lebt in Berlin.

JURKO PROCHASKO, geboren 1970 in Iwano-Frankiwsk, ist Germanist, Essayist, Übersetzer aus dem Deutschen, Polnischen und Jiddischen sowie ausgebildeter Gruppenanalytiker und Mitbegründer des Psychoanalytischen Instituts an der Iwan-Franko-Universität Lwiw. 2008 wurde er mit dem Friedrich-Gundolf-Preis der Deutschen Akademie für Sprache und Dichtung ausgezeichnet. Auf Deutsch ist zuletzt erschienen: Kleine Europäische Revolution, in: *Euromaidan. Was in der Ukraine auf dem Spiel steht* (Suhrkamp 2014), S. 113–130. Er lebt in Lwiw.

KATHARINA RAABE, geboren 1957 in Hamburg, ist Lektorin für osteuropäische Literaturen. Zuletzt gab sie, zusammen mit Manfred Sapper, den Band *Testfall Ukraine. Europa und seine Werte* (Suhrkamp 2015) heraus. Sie lebt in Berlin.

OKSANA SABUSCHKO, geboren 1960 in Luzk, ist Schriftstellerin. Seit Mitte der 1980er Jahre hat sie Lyrik, Romane und wissenschaftliche Werke veröffentlicht, u. a. eine Monographie über die ukrainische Schriftstellerin Lessja Ukrainka. Auf Deutsch sind zuletzt erschienen ihr Roman *Museum der vergessenen Geheimnisse,* aus dem Ukrainischen von Alexander Kratochvil (Droschl 2010) und der Essayband *Planet Wermut,* aus dem Ukrainischen von Alexander Kratochvil (Droschl 2012). Sie lebt in Kiew.

PAWEŁ SMOLEŃSKI, geboren 1959 in Warschau, begann im Untergrund zu schreiben und arbeitet seit 1989 als Journalist für die Tageszeitung *Gazeta Wyborcza.* Für seine Verdienste um die polnisch-ukrainische Aussöhnung wurde er 2003 ausgezeichnet. Er ist Autor zahlreicher Bücher. Zuletzt ist erschienen: *Oczy zasypane piaskiem. Notatki z Palestyny* [Augen voller Sand. Aufzeichnungen aus Palästina] (Wydawnictwo Czarne 2014). Er lebt in Warschau.

MARIA STEPANOVA, geboren 1972 in Moskau, ist Lyrikerin, Essayistin und Journalistin. Ihre Gedichte wurden in viele Sprachen übersetzt. Von 2007 bis 2012 war sie Chefredakteurin der Internetseite *OpenSpace.ru,* seit 2012 leitet sie das Nachfolgeportal *colta.ru,* eine der zurzeit wichtigsten Kulturzeitschriften Russlands. Zuletzt ist erschienen: *Odin, ne odin, ne ja* [Einer, nicht einer, nicht ich] (Novoe izdatel'stvo 2014). Sie lebt in Moskau.

KAROLINA WIGURA, geboren 1980 in Warschau, leitet das Politikressort der im Internet erscheinenden Wochenzeitung *Kultura Liberalna* und ist Assistentin am Soziologischen Institut der Universität Warschau. Für ihr Interview mit Jürgen Habermas (Europa ist von einer tödlichen Lähmung befallen) wurde sie mit dem Grand Press Preis 2008 ausgezeichnet. Zuletzt ist erschienen: *Wina narodów. Przebaczenie jako strategia prowadzenia polityki* [Die Schuld der Völker. Das Verzeihen als politische Strategie] (Wydawnictwo Naukowe Scholar 2011). Sie lebt in Warschau.

SERHIJ ZHADAN, geboren 1974 in Starobilsk / Gebiet Luhansk, ist Lyriker, Musiker, Übersetzer und Romanautor. Er gehört zu den Akteuren der alternativen Kulturszene in Charkiw. 2014 wurde er gemeinsam mit seinen Übersetzern Juri Durkot und Sabine Stöhr für seinen auf Deutsch erschienenen Roman *Die Erfindung des Jazz im Donbass* (Suhrkamp 2012) mit dem Brücke-Berlin-Preis ausgezeichnet. Zuletzt ist sein Band *Mesopotamija* (Klub Simejnogo dozvillja 2014) erschienen. Er lebt in Charkiw.

Bibliografische Information der Deutschen Nationalbibliothek
Die Deutsche Nationalbibliothek verzeichnet diese Publikation in der Deutschen Nationalbibliografie; detaillierte bibliografische Daten sind im Internet über http://dnb.d-nb.de abrufbar.

Redaktion: Nadine Meyer; Désirée Müller
Deutsche Akademie für Sprache und Dichtung
Alexandraweg 23, 64287 Darmstadt
www.deutscheakademie.de

www.wallstein-verlag.de

Gestaltung: Friedrich Forssman
Vom Verlag gesetzt aus der Adobe Jenson Pro
und der DTL Prokyon ST
Druck und Verarbeitung: Hubert & Co, Göttingen

ISBN 978-3-8353-1323-1

Gefördert aus Mitteln von

Die Beauftragte der Bundesregierung
für Kultur und Medien

KULTUR
STIFTUNG · DER
LÄNDER

HESSEN

Hessisches Ministerium
für Wissenschaft und Kunst